自由主義為什麼會失敗？

Why Liberalism Failed

派翠克·迪寧
Patrick J. Deneen

劉維人、盧靜——譯

國際書評

迪寧的這部作品令人精神一振……自由主義終將摧毀自己建立的偉業嗎？托克維爾舊日的警告，如今可能已經成為我們身處的現實。

——羅斯．多塞特（Ross Douthat），政治分析家、《紐約時報》專欄作家

迪寧的這本嚴肅著作，相當基進地批判了現代性。他以深厚的功力把這個問題說得簡潔而有趣，書中的見解與論證過程中的神來一筆相當令人注目：例如他指出，政府力量的壯大，竟然和自由市場的擴散亦步亦趨，因為首重個人權利的「小政府」，其實根本不可能充分保障個人權利。

——陶德．林柏格（Tod Lindberg），哈德遜研究所高級研究員

幾乎沒有書能像迪寧的這本書一樣，一針見血地直接挑戰現代自由主義的核心假設。

——夏迪．哈米德（Shadi Hamid），布魯金斯學會高級研究員

理解當前西方政治危機的關鍵之書。

——吉恩．卡拉翰（Gene Callahan），《美國保守主義者》（*American Conservative*）

思考未來的必備之書。書中的內容大概很難有讀者完全認同……但書中的警世與啟發卻讓我們完全無法逃避。迪寧很可能提出了一個關於自由主義政治和文化最深刻的問題：自由主義能夠修復嗎？值得修復嗎？

——納撒尼爾．布萊克（Nathanael Blake），《聯邦黨人》（*The Federalist*）雜誌

勇於直言、發人深省之作。本書正面處理了一個日益緊迫的議題：我們必須用深層的知識和文化傳統，重新支撐日常生活中的柴米油鹽。

——弗雷德．鮑爾（Fred Bauer），《國家評論》（*National Review*）

本書以大膽的論證和表達方式，開出了一整條思想道路，預言了接下來的發展。

——威爾弗雷德．麥克萊（Wilfred McClay），奧克拉荷馬大學歷史學教授

本書是罕見的天啟級著作，深刻地反思了如今主流的意識形態究竟如何轉折而來。它給予我們一個珍貴的機會去反思眼前的道路。如果自由主義真的無路可出，我們就該向前看，超越歷史的終結，思考彼岸的風景。

——《Medium》

迪寧的這本書完全把我吸進去了。真希望各大學的出版社能多出版一些這樣的書。

——艾倫．沃夫（Alan Wolfe），《自由主義的未來之戰》（*The Future of Liberalism*）作者

迪寧是一位獨具慧眼、才華洋溢的文化評論家，充滿著內斂的道德情操。《自由主義為什麼會失敗？》指出，扁平的自由主義如何禁錮了它自稱解放的公共生活，同時為左派與右派政黨的支持者提供了不再彼此對立的新出路。在逐漸枯竭的政治語言中，

這是最珍貴的及時雨。

——傑克遜・李爾斯（Jackson Lears），羅格斯大學歷史學教授

近年來最動人心弦的文化批評著作。它的基進程度短期間內無法超越。

——戴蒙・林克（Damon Linker），《*The Week*》雜誌

迪寧在這部精湛著作中，提供了詳盡清晰的學術分析，幫助我們理解自由主義為何力有未逮。本書讓美國開始討論一個急切的問題：在自由主義衰落之後將何去何從。

——約翰・霍瓦特（John Horvath）

迪寧認為如今我們喝下的每一滴水、呼吸的每一口空氣，都已經充斥著激進的個人主義。本書可以引發我們思考，跳脫既有的「自由派」與「保守派」，找出一條比兩者更好的替代方案。

——安東尼・羅賓遜（Anthony B. Robinson）

《自由主義為什麼會失敗？》非常值得一讀。如今的文化戰爭，不是在一九六〇或一九八〇年代才開始的，它的種子早從建國之初就埋下了。迪寧給了我們一個有用的指引，讓我們開啟困難的對話。

——喬納森・利曼（Jonathan Leeman），《今日基督教》（*Christianity Today*）

這本勇敢直言的書，協助我們及時理解川普的猛然崛起。它認為我們必須超越古典自由主義，重新檢視束縛我們的背後假設，藉此超越共和黨與民主黨兩極之間的死亡鐘擺。此外它也認為，只要我們不跳脫強弩之末的自由主義，就只會陷入更嚴重的不平等、壓迫、精神空虛。

——康乃爾・韋斯特（Cornel West），哈佛大學公共哲學實踐系教授

所有想要正面理解當下政治、經濟、文化困境的人，都該讀讀迪寧的《自由主義為什麼會失敗？》。本書對現狀的看法與傳統保守派有些出入，但只要您想認真思考這些問題，一定能從書中的挑戰獲得啟發。

——艾倫・卡爾森（Allan C. Carlson）

自由主義引發的問題如今每個人都看得到，《自由主義為什麼會失敗？》使相關討論向前踏出一大步。我們必須跳出既有的思考典範，不要再找博學鴻儒來解決當下的困境。真實的對話只能從鄰人開始。

——約書亞・米歇爾（Joshua Mitchell），喬治城大學政治系教授

迪寧以清楚、坦率、卓越的研究成果，寫下了這十年來最引人入勝的政治哲學書籍之一。只要您讀過這本書，思考過書中的觀點，您對美國民主的機制與結果的看法勢必全然不同。

——查爾斯・查普特（Charles J. Chaput）主教

中世紀社會的巨大陷阱，就是中世紀基督教所信奉的原則，和日常生活中實踐之間落差甚大。吉朋在書寫這整部歷史的時候，都帶著一種精明的狡黠，只要找到機會就提醒讀者，基督教的美好理念一旦碰上人類的劣根性，就會變得多麼虛偽……

當時統治階級信奉的騎士精神，與基督教一樣變得金玉其外、敗絮其內。騎士以這套精神維持社會秩序，以圓桌這個自然界最完美的形狀來描述自己。亞瑟王的圓桌武士，為了正義捨身犯難，對抗惡龍、巫師、惡人，在狂野的世界中建立秩序。因此照理來說，現實世界的騎士應該也會捍衛信仰、守護正義、為人民挺身而出對抗壓迫。但實際上，騎士通常自己就是壓迫者，他們在十四世紀無法無天的暴行甚至已經成為混亂的主要原因。當理想與現實之間的差距拉得太大，系統就會崩毀。這就是傳說與故事的意義。亞瑟王的圓桌從內部破碎，王者之劍投還湖中女神，一切歸零從頭開始。人的心中總有暴力、破壞、貪婪、誘惑，但也都嚮往著秩序。當舊的世界已然敗落，我們就該出發探索新的旅程。

——芭芭拉・塔克曼，《遠方之鏡：動盪不安的十四世紀》

（*A Distant Mirror: The Calamitous 14th Century*）

目次

導讀

超越二元途徑批判自由主義的可能

邱師儀　東海大學政治學系教授

美國政治哲學家迪寧的這本「自由主義為什麼會失敗」，在某種意義上是一本宣言，他點出自由主義的弊病，最後指出一條隱晦不彰的未來路徑。與許多政治思想著作一樣，這本書有強批判但弱解方的特徵，但我們不得不承認，當今世界民主潮流之下，許多民主國家的運作，真的就只剩下「投票」這個民主形式，但民主的品質堪慮。選民可能流於民粹（如美國）或被剝奪實質的投票人選（如俄羅斯），選民對於公共事務的不了解或者不關心，讓他們選出來的官員良莠不齊。更關鍵的是，從美國政治的觀點來看，美國選民獨特於全球的「個人主義」，讓彼此間缺乏聯繫、互不關心，迪寧認為這樣的個人主義非常弔詭的是由日漸擴張的國家主義所引起。國家主義理當是集體主義的，卻成了個人主義的培養皿。而自由主義正是國家主義與個人主義的接著劑。

二元對立

迪寧批判自由主義，但讀到最後會發現他缺乏推翻自由主義的決心，他甚至要讀者承認自由主義的成就，並且不要急著擁抱下一個意識形態。迪寧看似站在某一個跨越左右的高位批判自由主義，但其實大部分的時間他對於左翼的各種論述批判的更重，而對於右翼的內涵批評較輕。我羅列了迪寧在全書中對於各議題的立場，迪寧批判Ａ欄，但褒揚的是Ｂ欄（ＡＢ兩欄互相對立），包括：

Ａ欄	Ｂ欄
左翼	右翼
重法律科技	重文化
全球化	在地化
多元文化主義	白人主流文化
個人主義	社群主義
唯物論	唯心論

人定勝天	敬天畏神
無視歷史	時間意識
人類學	反人類學
經濟抉擇	公共事務
理工商管	人文
量化科學	質性脈絡
推演	歸納
公立學校教育	私立、在家與書院教育
菁英常春藤	普羅中西部與南方州大
功利教育	全人教育
大城市思維	城鎮連結
支持墮胎	反墮胎
支持同婚	反同婚
揚棄傳統	家庭價值
性解放	性克制
無神論	信仰

讀者可以先不用急著細看每組對立的元素，可以讀完全書後再回來一一回憶玩味。基本上所有A欄元素都是與自由主義相容的概念，B欄元素都是與保守主義相容的概念，B欄元素與柏克的保守主義相通，也是迪寧心中的治事之學。

跨越左右的企圖

儘管如此，在本書中還是有一些想要超越左右來批評自由主義的痕跡：包括在迪寧的眼中，古典自由主義與進步自由主義都汲取自由主義的養分。從亞當斯密「市場上有一隻看不見的手」恰如其分的調節供給與需求來看，古典自由主義會是市場至上的右翼，但迪寧批判的是它個人主義的成分。而針對進步自由主義，迪寧則是批判其大政府的成分，又支持政府擴張的自由主義是左翼。等於迪寧對左、右翼的意識形態都有負評，而他自己則是喜好柏克的保守主義，當中重視習俗、傳統與宗教。

另一個跨越左右的企圖是「後結構」與「後現代」的學者會替自由主義服務，尤其是從事「懷疑解釋論」（hermeneutic）的學者。這些「後」的學者習於批判過去的經典，由於自由主義與科學陣營是互相支援的，所以「後」的學者替自由主義講話等於成為科學陣營的鷹犬。但一般教社會科學方法論的教授都很清楚，「後」的陣營與科學陣營（實證學派）誓不兩立，不僅在語言上難以溝通，在方法論上也是平行世界，但迪寧卻把「後」的陣營歸類到與科學陣營相通。

最後一個跨越左右的企圖是，在迪寧花了許多篇幅批評連接自由主義的左翼之後，他也有一些對於右翼的批判。首先，迪寧談到自由主義者相信「人生而平等並且都是白紙一張」（blank slate），並從這裡談到自由主義所內建的契約論，而在這套體系之下，自由國家的「科學」（不管是自然科學或是社會科學）才能蓬勃發展。所以在自由的國家當中，理工商管這種比較能夠賺錢的學科，就會比人文史哲更受到青睞。迪寧說自由主義的風氣會驅使年輕人「重理工商管」而「輕人文」，也就是進步（左）一點的社會，理工科會比較發達；但迪寧也說，因為右翼重市場，所以右翼同樣也會重理工商管而輕視人文。換言之，迪寧左右都想批判。總之，如果迪寧要批判右翼，他是針對比較極端的那種市場動態，也就是全然的無政府、接近自由意志主義者（libertarianism）所描繪的個人主義。但從我所整理二元對立的清單來看，迪寧對於與自由主義更直接相關的左翼元素批評多了許多。

模糊語焉不詳的解方

政治哲學著作最難寫得好的總在解方，容易流於收不了邊的「柏拉圖式」結語。迪寧似乎也有這樣的問題，甚至他在作者序的部分就自承受到不少這樣的批評。本書的貢獻在於一針見血的點出自由主義的侷限，甚至揭開了不少自由主義虛偽的面紗。但迪寧卻要美國人回到像阿米許人（Amish）那樣的「在地市場」與「家戶經濟」，也就是讓這個連現代化都已經渡過到後現代的美國，再回到「前現代」。在結論最後其實就連迪寧自己都不是十分肯定這樣的解方會是什麼好的出路，他只是要大家不要著急於找尋另一個像自由主義這樣曾經大獲全勝的意識形態，要先學著回到在地社群。

整體而言，這本書對於讀者了解美國政治中兩個不同世界彼此之間的對立與辯證很有幫助。尤其當川普崛起、消退又再崛起的這幾年，許多川粉對於美國的不滿，大概都是由於寡占政治市場太久的自由主義而起。

導讀

善敗者不亡：自由主義敗局後的未來

蕭育和　國科會人文社會科學研究中心博士級研究員

一般能用人的手段在塵世加以展示，可觀且動人之物，總是關乎墮落天使，美麗且躁動，籌謀遠大，戮力甚深，卻徒勞無功，如此驕傲，也如此不幸。

——俾斯麥

讀者手上迪寧的這本著作，有一個驚悚的結論：自由主義失敗了，不只如此，可能還是一敗塗地，如果希望挽救敗局，最好重新檢視這個現代以來主導世界政治社會進程的自由主義意識形態。診斷自由主義實踐之論不少，但如此決絕宣告其挫敗者，迪寧恐怕唯一。

這個立論某種程度上切中了當前自由民主國家人民的心聲。全球化的市場經濟即使不是讓所有人淪為赤貧，也讓受薪階層在稍微體面的生活水平沉浮，不敢想像更美好的未來願景；自由民主體制似乎見證了歷史的終結，至少民主國家的人民並不真的擔憂集中營重臨，但他們對於建制民主卻愈來愈疏離，「深層政府」的懷疑之所以成為陰謀論主調其來有自。

如果自由主義在歷經與法西斯主義、共產主義的鬥爭後，終於在現代世界取得了史詩級，終結歷史的勝利，那麼它的實踐同樣也是令人挫折的，迪寧呼籲讀者不要單純譴責民粹逆流，因為它只是這個時代一般人對於經濟與政治體制感到無力的病徵，而非病因。

早在十九世紀，對於這個即將到來的新民主天命時代，托克維爾（Alexis Tocqueville）曾經預見了兩個完全相反的趨勢，平等的趨勢夷平了一切層級身分的權威，由此誕生的現代個體就其本性否定一切的權威，所以任何聲稱至高地位的主權，其尊崇地位不斷被削弱；但同時，民主的政府卻又以良善治理為由處處干預社會生活的方方面面，政府的權力「既前所未有的弱小，又史無前例的強大」，歷史上從來沒有一個時代如此。

迪寧繼受了托克維爾的觀察，由此得出自由主義已然失敗的結論。自由主義構思了一組個人赤裸面對國家的互惠關係，國家的權威是在個體在免除一切必然帶來恐懼的相互為敵，透過社會契約而成，而其正當性也是在確保個人個體化的人身保全與私人享受而確定，此一霍布斯（Thomas Hobbes）透過虛擬自然狀態得出的推論，套路極深，成為往後自由主義者的基本主張。迪寧也由是主張，自由主義必然推導出「解放的個人」與「無所不管的國家」，國家完全依據純粹意志的自主個人組成，而國家以一切可能的保全為名，正當介入公民的社會生活，所有人都在國家的控制中。個人自由與國家權威看似衝突，實則一體兩面，「其實自由主義在個人與國家之間建立了難以斬斷的深層羈絆」。（頁一〇八）

人性的問題應該由人自己來裁決，不訴諸任何超越經驗的權威，即便人的本性並非美善，人的造物之功也能使其有所裨益，如果這是自由主義一貫推崇人造（artifice）的根本信念，那麼，在迪寧看來，自由主義從一開始就走上歧路。自由主義的政治實踐，最終創造出人力所無法控制的龐然可怕巨物，現代自由民主國家人民所感受的無力感並非錯覺，而是自由主義必然的終局。因此，自由主義失敗了，不是因為它做得不夠，而是因為它徹底貫徹了其理念，自由主義愈是完全實現，其願景就愈是扭曲。

自由主義失敗了，因為它勝利了，自由主義透過其個體性信念將「自由」重新界定為「掙脫既有的權威、擺脫文化與傳統的專斷、用科學發現與經濟發展的巨大力量統治自然」（頁八四），而當個體的自由戰無不勝，當自由主義成為「進化的自由主義」（advanced liberalism）時，它所承諾的那個美好世界，那個自由的公民理性運用自己力量，透過與他人一起協作來處理衝突，改善生活的世界，就注定成為泡影。自由主義的體制創造出國家與市場這兩個無法控制的龐然怪物，人們只能從政府恩庇與市場消費的小確幸中，感受個人無堅不摧的個體性與自由。

由於自由主義自始誤入歧途，所以其日後著重點不同的實踐，都無法挽救其必然的敗局，自由主義的進步派與新政擁護者，其願景是藉由國家理性力量的介入，擴大並實現公民的基本權利與社會權利，在迪寧看來，把個人與國家更緊密綁定的後果，不過強化國家這個龐然巨獸。而自由主義另一個擁護市場「自發秩序」的支流，在迪寧看來，也沒能挽救自由主義，因為市場擴張所需要的基礎建設從來都不是自發秩序的產物，它需要一個無所不在，力量不斷增強的國家結構去將之打造出來。

國家跟市場，看似衝突，實則是自由主義理念所創造龐然巨物的兩張臉孔。對於托克維爾當年的觀察，迪寧補實了其內涵：「國家注定強化市場，市場必然助長國家。個人主義來自國家力量，國家力量需要個人主義。」（頁七三）

迪寧的論述很難用傳統的左右政治光譜定位，他相信市場無止境的擴張對於經濟生活的強大破壞，也認定政府對個人生活無底線的擄獲反而弱化公民的獨立美德。他暗示，自由主義的存續其實不在於外在威權體制的威脅，而在於內部解體的危機，對於自由主義的未來，他引用了一個極為生動的反烏托邦意象，政府不如把衰敗的城鎮改建成一個房租低廉、網路免費的貧民窟，讓多數的人民移居，反正不乏市場競爭的多數失敗者，政府的力量也不是無能豢養，更重要的是，免費的網路虛擬世界完全可以滿足他們的精神世界。

此一反烏托邦形象背後所提示的是自由主義「平等」理念的挫敗。自由主義各個流派對於社會需要什麼樣的平等或許沒有共識，但無論哪個流派都相信，不平等會帶來巨大的社會成本，也與現代性的精神背道而馳，然而，對迪寧來說，自由主義不只遠遠無能實現平等的烏托邦，它所創造的龐然怪獸所同時伴生的是新貴與新貧。各種「無界之地」（nowhere ville）是自由主義政治經濟實踐的精神象徵，新貴所在受到嚴密保衛與監控的高級社區，以及收容新貧的網路極樂之窟是無界之地的一體兩面，它們的共同特色是超疆域性、沒有歸屬，它們都是自由主義理想的「個人」棲居地，都是國家與市場的一體伴生。

迪寧很少提及自由主義的成就，但似乎也沒有完全拋棄自由主義。如果用羅森布拉特（Helena Rosenblatt）在其《自由主義失落的歷史》（*The Lost History of Liberalism*）一書的話來說，迪寧呼籲的是重審自由主義的核心本體預設，如今這個主要致力於保護個人權利與利益的自由主義，實際在自由主義理念的發展歷史中，是個相當晚近的現象，它特別是在冷戰期間抵禦極權恐怖的產物。然而此前多數的自由主義者，內心深處都是道德家，他們從不認為自由共同體可以立基於自利、單純的權利與純粹的意志，而是能彼此施受，透過權利與義務相互連結的公民共同體。

據此，迪寧主張重振被現代自由主義視為阻礙實現個人自由，個體原生性的連結，他將之泛稱為「文化」，其本質上是一種體現在「規模更小、更地區性」小社群之中的「集體信任」，其具體表現是在地社群的規範、某種程度上不受市場經濟制約的家戶經濟分工，以及直接參與政治的城鎮生活等等。

「小社群」經常被視為拯救現代社會無論是自由主義還是資本主義危機的解方，例如柄谷行人所提出的新協合運動（NAM），其共通構想都是嘗試在國家與資本（或市場）的巨大支配力量自主創生的小型組織，而迪寧的「文化社群」說法可能更接近於在地的公私協力組織。去中心化在地組織的參與與運作有助於減緩現代國家的集權化趨勢，這自然也是托克維爾的主張。然而，這類小社群在實踐上經常遭遇無以為繼的困境，柄谷後來也自承他所推動的新協合運動是失敗的，根本的問題恐怕是，在當前的社會處境中，很難運作一個完全自外於市場經濟與政府治理的小型組織，迪寧的「小社群」論由於更著重於個人與社群的原生連結，暗示對傳統習俗更大的容忍，然而，民權運動的成就之一正在於抗衡了某些很難透過合理反思的在地習俗。例如，女性主義者對於迪寧此論的反應顯然並不友善，當迪寧哀嘆自由主義正在毀家滅婚時，珍妮佛・莎萊（Jennifer Szalai）在《紐約時報》的書評則不無反諷的指出「家或許是心靈之所，但它可能還是根深柢固的偏見、零碎索然牢騷以及惡毒殘酷之所在。」

迪寧的解方表面上是托克維爾式，然而托克維爾更著重的卻是在地社群的政治參與，而非以習俗傳統為名的原生連結，迪寧對於在地規範可能存在的普遍性爭議不置一詞，就其立論來說，自然是因為他始終反對以任何普世權利的立場來看待自由主義。更進一步說，迪寧或許在個體之間連結的原生性上過於堅持。二十世紀受自由主義理念啟發，獨立於國家正式政權機構的種種理念型組織，諸如各種規範協調與集體安全的國際事務協商機制，以及國內的建制政治場域中，各種非民選的獨立查核機制與委員會，或者類似南非真相與和解委員會這類坦承面對威權政體的不義，意在深化民主理念，使其成為公民團結基石的機構等等，這些約翰．基恩（John Keane）稱之為「監控民主」（monitory democracy）的機制，同樣也是托克維爾主張用以抗衡民主政府權力集中趨勢的組織，迪寧選擇完全不置一詞。

儘管沒有明說，但迪寧將不得不接受，林奇式的私刑審判消失之日，正是美國鄉鎮喪失自治能力之時，然而，現代自由民主世界卻不可能坐視私刑處死以維護小社群文化規範之名存在。迪寧固然提到了托克維爾對民主時代人民因為迫切滿足眼前欲望，因而出現鄙視「形式」的氣質，但他卻選擇不談托克維爾對於城鎮小規模民主讓人民「學習治理社會，開始認識可以不用透過革命推進民主的種種繁文縟節」，尊重與正視建制（establishment）的洞見。如果承認自由主義的現代建制已經成為無可控的瘋狂產物，那麼關鍵的問題或許不是在國家與市場之外尋求原生性的文化連結，而是積極打造抗衡龐然巨獸的民主建制。

無視自由主義現代成就的哲人如鄂蘭或阿岡本，並不需要在意自由主義是否已經失敗的問題；自由主義衷心的擁護者，對於迪寧駭人的結論想必心有不甘，他們的辯護可能會是這本宣告自由主義徹底失敗的訃聞，對於「自由主義」的界定不夠嚴謹、對其成就不夠客觀，或者問題根本不在自由主義等等，這些批評或許各有其理，不過學院裡的冷峻評論都沒有現實民粹主義與反建制浪潮那樣洶洶直擊人心。

讀者不一定要接受迪寧對自由主義掀起的文化戰爭，他為這場時代敗局所提出的解方也無疑過於復古，但無妨接受他的結論：自由主義已經失敗了，其實在自由主義的理念發展歷史中，「失敗」從來常有，諸如政府形式之辨、帝國主義、普羅民主以及社會治理的挑戰等等。然而，自由主義依然一次次證明了它強健的韌性。其實，迪寧可能誤解了自由主義者一個核心精神氣質，真正的自由主義者，從不敢認定自己已經勝利。

善敗者不亡。

耶魯大學「政治與文化」叢書總序

耶魯大學出版社「政治與文化」系列叢書的核心前提，就是美國、西方國家，以及世上愈來愈多國家引以自豪的自治政府，已經陷入困境。許多人都注意到這種困境，但對症狀的描述卻莫衷一是，療法更是毫無共識。而且時間過得愈久，分裂只會愈深。在二十一世紀初，自由民主這種試圖以個人權利為基礎的多數決統治制度，正當性已經搖搖欲墜。而近幾十年來，雖然世界各國都以其馬首是瞻，它卻無法實現對人們的承諾，只讓愈來愈多人心生不滿，走上街頭。

這種困境的症狀顯而易見：財富分配不平等日益加劇；人民團體、工會、家庭等傳統機構日益衰落；政治、宗教、科學、新聞都逐漸失去權威，公民彼此互不信任；

實現平等正義的大夢逐漸破碎；而最麻煩的是社會日益極化，那些想要更加開放，嘗試更多新可能的人，與那些想要保護各種傳統制度與習俗的人，如今已經勢不兩立。這些趨勢都不斷惡化，群體正在分裂為愈來愈小的原子，分裂為日益封閉的社會部落與政治部落，最後在選舉中投出跌破專家眼鏡的結果，並再次擴大對立。如今的社會正如葉慈一百年前的詩句，「核心無以為繼」（the center cannot hold）。在川普的時代，我們甚至不知道核心在哪裡，更別說該怎麼重新拾回。

派翠克．迪寧的《自由主義為什麼會失敗？》是本系列的第二本書。它認為自由主義本身就是使其衰亡的根源。迪寧所謂的自由主義，不只是美國常說的進步派大政府（或說是重視人民福祉的政府，要使用哪個定義取決於你的立場），而是指政治哲學家熟悉的政治自由主義，也就是目前全球自由民主國家體制背後的原則。《自由主義為什麼會失敗？》匯集了當今學術、政治、輿論對自由主義的各種批評，最後以大膽而寬廣的視野，批判了啟蒙運動哲學家康德對於個人自治的基本假設。迪寧的立場非常基進，他認為自由主義需要的不是改革，而是退場。自由主義現在遇到的困境，並不是因為它被劫持，而是因為它從一開始就誤以為個人可以完全獨立自主。如今看到的亂象，只是幾十年實踐下來累積的負面結果。

在這之前，也早有許多學者對自由主義發出基進批判。左派的猛烈抨擊來自馬克思、法蘭克福學派等諸多馬克思主義信徒，以及傅柯等後現代思想家。右派的攻擊來自尼采、施密特（Carl Schmitt）、天主教會與其他宗教組織中的傳統主義者。除此之外，米爾班克（John Milbank）、候活士（Stanley Hauerwas）這些難以分為左右派的砲火也相當猛烈。上述批判都引發了學者和知識分子的強烈反應，而這正是基進批判的目的，它刻意擾亂主流論述，使其無法收編、無法逃避，藉此讓人們更加徹底地思考現有的政治、社會、經濟制度和實作狀況。

無論您是怎樣的讀者，都會發現《自由主義為什麼會失敗？》挑戰了您既有的看法，同時挑戰您對政治，以及對既有政治秩序的基本假設。這本顛覆性的書籍，認為自由主義的基本原則釀出了當下的社會弊病。它很難用傳統的左右派光譜來分類，書中大部分的內容會讓社會民主派歡欣鼓舞，並讓自由市場派暴跳如雷；另外一些內容則會讓傳統派如獲至寶，同時讓進步派咬牙切齒。當然，我們相信還是有一些讀者會忍不住將這本書歸入某一個他們熟悉的類別，以方便自己的腦子處理，甚至藉此駁回書中的批判。但這是政治兩極化時代的病，他們應該要抗拒這種誘惑。而如何對抗這種危險的誘惑，正是我們當下需要閱讀迪寧的主要原因。

——叢書責編：詹姆斯．杭特（James D. Hunter）、約翰．歐文四世（John M. Owen IV）

作者新序

很多讀者告訴我，《自由主義為什麼會失敗？》這本書的出版恰到好處。一本政治理論著作能受到這麼大的關注，一部分應該是因為書寫得不錯（但願如此），但有更大一部分的理由，無疑是近年來全球都突然開始為自由民主體制的岌岌可危感到焦慮。人們渴望有誰能夠更深入地解釋，為何自由主義的無上霸權似乎不再理所當然，「歷史的終結」（the End of History）似乎隨時都要終結。而本書甚至在出版的一年以前，就滿足了這份企求。在出版後的第一週，美國一些大報紙和重要期刊上就出現了相關的評論和討論，連《紐約時報》這份自由主義秩序的社內報上，都有兩個專欄和一篇書評在討論它。

說實話，對於這些迴響，我自己的訝異也不下於其他人，當然這有部分是因為我已經花了十幾年在學術期刊、雜誌和網站上打磨這些論點。會動筆寫這本書，是因為我覺得自己對這些問題的思考已經夠成熟了，而不是打算討論什麼特定的政治事件。

本書出版時，英國脫歐公投正好通過，川普當選了美國總統，歐洲更是不斷被民粹主義攻陷；這雖然有點巧合的，但也不怎麼令人驚訝。然而我卻一直收到評論相關事件的邀請，多到遠遠超過我的預期。

本書的寫作模仿了古典著作中對「政體邏輯」（logic of a regime）的探索，而這一類論述又可以追溯到柏拉圖的巨作《理想國》（*Republic*）；在比較接近我們這時代的著作裡，則首推托克維爾（Alexis de Tocqueville）的《民主在美國》（*Democracy in America*）。我希望能讓人們注意到自由主義失敗的內部原因，因為生活在自由主義政權下的居民，通常根本察覺不到這種失敗，反而對自由主義成功的表象沾沾自喜。因此，本書所收到的迴響確實令我驚訝。出書前，我預計本書只會吸引一小部分政治理論家，和其他志同道合的不滿者，而不是有這麼多讀者想了解自由主義在我眼中已經確切無疑的失敗。

我在本書出版後參加過許多討論，很多人都好奇我的分析與當代的政治事件有什麼關係。這些問題讓我繼續將整個分析擴展到三個方向。首先，人們常問我對許多先進自由民主國家的公民參與明顯受挫有什麼看法，這時我都會提起本書的前幾章，因為這幾個章節探討了自由主義的核心價值，也就是個人自主的諷刺性；許多公民之所以會感到失落，正是因為這種價值觀所創造的結構。再者，被問到當代民粹主義的起源和性質時，我的回答則是因為自由主義致力於培育「新貴族」，才讓失意的公民設法重新掌握政治權力，以控制自己的命運。最後，我認為許多議題，包括不受限制的移民和跨性別等議題引起的諸多不滿，都是源於自由主義的核心承諾，也就是消除一切邊界，但很大一部分公民其實不願接受這份承諾。雖然這三個主題在本書裡都有談到，但考慮到我很常被問到這些，或許可以先在此處簡單討論。

自主的束縛

「自由」一詞的歷史源遠流長，但自由主義的系譜卻短淺得多，可以說只有數百年的歷史。它的起點是重新定義自由的本質，把自由變成了幾乎和原始含義相反的東西。在古典學說和基督教脈絡中，自由是一種自治（self-governance）狀態，可能是個人對自己的治理，也可能是政治共同體的治理。實現自治有一定的門檻，需要習於在各方面實踐美德，特別是控制和約束內心卑鄙頑固的欲望；換句話說，**實現自由需要限制個人的選擇**。儘管法律也有其意義，但實踐這種限制不能只依靠正式的法律，而是要仰賴各種約定成俗的社會規範。這也是為什麼，托馬斯・阿奎那（Thomas Aquinas）認為習俗是法律的一種形式，而且往往比形式化的法律更優越，因為它還代表了長期、持續的共識。

相反地，自由主義則主張，自由屬於這個古老觀念的對立面，是盡可能讓人不受習俗和規範等外部約束的限制。根據這種觀點，唯一能限制自由的只有正式的法律，而且這些法律的目標應當是建立一個維護個體不受約束的秩序。如此，自由主義便瓦解了由習俗構成的世界，以正式頒布的法律取而代之。諷刺的是，當社會上的行為變得愈來愈不受控制，國家就必須擴大立法和執行監管，不斷擴張權力。隨著國家控制範圍不斷擴大，「自由主義的帝國」也迅速擴張版圖。

經濟領域也是同樣的發展，要讓個體在經濟中發揮自由選擇的主權，就需要拆除所有市場的人為邊界。在過去，「市場」只是城市內一個明確、有限的空間；而現在，它必須超越所有邊界。也就是說，自由主義的邏輯會要求政府和市場近幾無限地擴張。龐大的政府架構和全球化經濟，都是以個人解放的名義建立的；但兩者結合在一起，個體反而會落得無處施力，被以自由之名而建立的結構所淹沒。當前各自由民主國家的選舉中那些不滿情緒，既是針對碩大無朋的經濟力，也是針對疏離且無從參與的政府架構。當代自由主義者譴責這種「民粹」反應，但這些反應要對抗的，是一般人無法參與治理的經濟和政治；「民粹」是一種由下而上的努力，目的是重新掌控日益行政國家化的政府，以及與國民脫節的經濟。自由主義者往往不假思索地痛斥民粹主義是「反民主的」（antidemocratic），而它確實容易被妖言惑眾的煽動家綁架，還有各種顯而易見的毛病，但它也代表著人民想要重新馴服中央集權的國家機器和全球化的市場。這些嘗試所煥發的民主衝勁讓許多自由主義者感到擔憂，因為這股衝勁是由人民所鼓動的。

不自由的民主

我花了一整章的篇幅來討論自由主義如何收服民主政治的能量。自由主義一手提出「社會契約」的概念，在理論上利用民主建立正當性，一手又百般限制真正的民主實踐；它往往看起來要設法建立民主的形式，實際上大部分的作為都是在阻礙真正的民主參與和治理。然而在該章節我沒有強調的是，民主能量一旦這樣積聚起來，很有可能會醞釀成強烈的反彈。因此，自由主義的捍衛者決定先發制人，為這種現象取了一個貶稱：「民粹主義」，目的是將這種選舉中的能量釋放，和合法的「民主」能量區別開來。在他們的用法中，政治「民主」與否，是取決於政策和政治家是否符合自由主義的承諾，而不是這些人和政策能不能獲得民主政體中多數人的支持。因此，每當民粹主義在選舉中獲勝，就會有人出來譴責這是反民主的。這代表自由主義只是在努力維持自己的民主表象，就算有證據指出民主制度已經不再支持它也無妨。

事實上，民主終究無法在自由主義政體中發揮作用。實踐民主需要有深厚的社會基礎，特別是需要一個享有共同生活方式與習俗的緊密共同體，而不是一群只會進投票站蓋章，彼此缺乏聯繫的個體，但前者正是自由主義極力想要瓦解的。政治學家彼得・梅爾（Peter Mair）在他死後才出版的著作《統治虛無》（*Ruling the Void*）中描述了這些民主的先決條件：

> （相對）緊密的政治共同體需要以緊密的社會共同體為基礎。在緊密的社會共同體中，會有大量的公民共同經歷職場、勞動和生活條件、宗教習俗等各種重要的社會經驗。這些社會共同體中也會有活躍的工會、教堂、社交俱樂部等社會機構，除了提供各種社會功能，也有鞏固整個社會的作用。[1]

孟德斯鳩早就說過，民主是最講究公民美德（civic virtue）的政體。培養美德需要有大量的養成和支持機構，但這些機構和其教養，恰好又是自由主義高舉個人自由

1 Peter Mair, *Ruling the Void: The Hollowing Out of Western Democracy* (London: Verso, 2013), 78.

的名義，想方設法掏空和消滅的對象。這點也相當諷刺，因為自由主義宣稱其正當性是以民主社會的同意為基礎，但它最後卻掏空了民主運作的地基。

如今的自由主義者分成兩派：一派主張民主必須肯定自由主義的承諾才有正當性，另一派甚至願意將民主從自由主義的必要特徵之中捨去，且後者的數量還日益增加。好比《反民主》（*Against Democracy*）一書的作者傑森．布倫南（Jason Brennan）就明目張膽地呼籲要盡可能減少有效的民主參與，也就是要我們考慮限制選舉權；他認為不管靠民主建立正當性有多少顯而易見的好處，都比不上違背自由主義的民主決策所造成的破壞。[2]目前，像這樣公然反對民主的聲音仍然很小眾，但其他自由主義者的作為也在把社會推往同樣的方向；他們極度推崇法院、行政部門和國家機器，把這些機構當成宏偉的堡壘，認為它們可以阻擋民主的能量，不讓自由主義對社會和經濟的承諾遭到破壞。

那些為數雖少卻持續增加的反民主倡議，實際上只是在肯定自由主義長期以來的方針和制度。好幾十年以來，自由民主國家的菁英統治一直備受關注，而其中洞見最深的，莫過於詹姆斯．伯納姆（James Burnham）在一九四一年的發表研究《管理革命》（*The Managerial Revolution*）；喬治．歐威爾在寫《一九八四》時便受了本研究不少影響。伯納姆將這場革命描寫成馬克思主義願景的另類實現：有產階級（貴族）正被新的階級所取代，這個新階級認為未來的權力並非寓於靜態財產，而在於對思想與生產過程的操控。新的「管理菁英」會在表面上維持伯納姆所謂的「議會控制」（parliamentary control），但權力則會集中到公共和半公共的機構與官僚組織手中。這群新菁英統治的是一個由國家管理的經濟體系，在這種經濟體系中，全國（乃至全世界）的財富流動必然都要依靠這些機構，管理階層也會因此變得更富裕。[3]如今，民眾高聲反對華盛頓的腐敗，譴責特區周圍那些全美國最富有的州郡；而企業徒留「美國創立」之名，實際上都完全沒有為國奉獻的精神，在在顯示著一場對抗伯納姆口中「管理菁英」的革命，正在美國的社會基層展開。所謂的民粹主義革命，其實應該稱作為全球反管理革命（global antimanagerial revolution）。

2 Jason Brennan, *Against Democracy* (Princeton: Princeton University Press, 2017).
3 James Burnham, *The Managerial Revolution: What Is Happening to the World* (London: John Day, 1941).

自由主義痛恨界線

本書第三章的標題叫做「自由主義是一種反文化」，我在這章指出了自由主義的幾個關鍵特徵：渴望征服自然、欠缺時間感和厭惡土地連結。而在這三點之下，我們還可以看見更根本的第四點：自由主義痛恨界線。

自由主義哲學和政治有一個核心特徵，就是認為幾乎所有邊界都沒有道理，而這點可以說是自由主義的宗旨。不只是國界這樣的政治邊界，而是一切既有的差異、分別、界線和區隔都沒有道理，一切的邊界都是對個人選擇自由不講理的限制。他們質問每一條「邊界」的道理何在，而能夠承受住這些質疑的邊界確實不多；即使是有道理的邊界，只要會限制個體的自由選擇，最後的結果也是一樣。無論這些邊界和界線是因為地理、歷史還是自然而存在，從自由主義的邏輯看來，都必須逐一抹除才行。

如同托克維爾所言，自由民主體制往往輕蔑「形式」。所謂形式，指的是一件事物具有獨特的形狀和內容，能夠將內部和外部區隔開來（謝天謝地，我喝水的杯子有一個能將水與鍵盤區隔開來的形式）。而自由主義哲學是普世的，理論上它可以不分時代、不分地域地適用於所有人。雖然這個思想的興起，是為了證明一個國家的政治目標有正當性，也就是《獨立宣言》中說的：「為了保障這些權利，人類才在他們中間建立政府。」但其根本邏輯卻終將讓人懷疑國界，認為那是在不公正地限制自由主義統治天下。起初，自由主義只是想建立一個符合其哲學、制度、實踐和信仰的國度；但是當這個目標一實現，它就會對每個擁有邊界的國家投以懷疑的目光，就連它當初建立的國家也不例外。在美國，無論是古典自由主義還是進步自由主義，核心任務都是建立一個自由主義的國度，特別是把政治參與從具體的地方，轉移到抽象的國家上。而現在所謂「保守派」和「進步派」之間，主要的區別之一就是自由主義能不能，以及該不該將統治的範圍跨出國家，前往全世界。這兩派都認為自由主義是一種普世價值，只不過對於怎麼傳揚這種普世價值有所分歧。主流保守派試圖依靠國家來傳揚自由主義的普世價值，而他們最主要的取徑是全球化的經濟政策和積極介入他國，甚至走向窮兵黷武的帝國主義。進步派則認為民族國家終究必定被全球治理取代，這種思想最佳的代表就是歐洲聯盟。兩派分別代表自由主義的兩個面向，而兩者都失敗了。

按照自由主義的邏輯，要靠政治和經濟全球化消除的不僅是我們一般認知中的邊界，自然界中存在的「邊界」也必須消除。現在的政治如此重視身分議題，特別是重視由性革命（sexual revolution）所掀起的議題，同樣是因為自由主義對「形式」的痛恨。「人類」的形式中，首先要消除的就是性別差異，隨著國家對避孕、墮胎和人工受精和代理孕母等計畫的資助日益增加，這個目標也逐漸實現。最致力於環保和保育，贊同用科技操縱自然的人，往往也最熱中於用化學和科技手段抹消男女之間存在自然差異的每個證據。[4]而目前，這個邏輯又找到了兩個新使命，一個是推廣用醫學手段調整性別，好讓身體符合一個人對自己身分的感覺；另一個則是發展「租借」子宮或直接購買孩子的新市場。但自由主義這麼積極反對人類與生俱來的「形式」、努力瓦解自然界中最基本的界線，實現的一大成果卻是將全球的婦女和兒童商品化，進一步賦予有權有勢的人更多自由；但這些人之所以得到更多自由，其實是因為那些無權無勢的人「自由選擇」接受新發明的束縛。而隨著不生育的人愈來愈多，無權無勢者的怨恨持續增長，這個計畫也注定會失敗。然而我們也可以想見，這樣執迷不悔的結果，必然會讓政治失去安定。

回應部分批評

本書獲得的迴響數量之多、範圍之廣，無法一一回覆，但有兩類常見的批評值得我多回應一點。但我只會在此進行簡要的論述，因為與其在正文開始前花大量篇幅回應批評者，我更希望讀者根據本書內容得出自己的結論。

第一種主要的批評可以分成兩大類：政治右派的抨擊是對古典自由主義，特別是對自由市場的描述不甚準確或是不太公平，以及我主張古典和進步自由主義之間存在連續性。然而，在大多數批評中，讀者普遍同意我的擔憂，也就是進步派那種解放主義的倫理不但有害也無法延續。另一方面，左派讀者也認為我對進步自由主義的評價

4 關於該技術發展的詳述與論證，請參閱 Shulamith Firestone, *The Dialectic of Sex: The Case for Feminist Revolution* (New York: Morrow, 1970).

不準確或不公正，特別是我對生活方式的解放與性革命的批評，但他們也普遍同意我對資本主義的看法，認為那是有害的也無法延續的。兩派讀者的共同點，是指責我對以往那種限制流動與個人自由的社區抱有不實際的情懷。

不過從一開始，本書編輯就在前言中預料到了這件事並提醒過，當今的讀者已經習慣壁壘分明的政治，他們「會忍不住將這本書歸入某一個他們熟悉的類別，以方便自己的腦子處理，甚至藉此駁回書中的批判。但這是政治兩極化時代的病，他們應該要抗拒這種誘惑。」只是讀者常常忽視這段提醒，這也證明了「維持政權」（regime maintenance）是多麼強烈的需求。儘管左派和右派的自由主義者每天都在上演激烈的政治競爭，但兩邊追根究柢都是在為同一個計畫付出；要是接受雙方有著潛在的共生關係，先前的投入都會付諸東流。而我想要指出的是，右派所不滿的一切並非由左派造成，而是因為他們努力實踐自己的根本信仰，特別是投入自由主義經濟所造成的後果。而左派所不滿的一切，也不是因為右派，而是因為他們努力實踐自己的根本信仰，特別是瓦解性行為與身分認同等社會規範所造成的後果。跨國企業和性解放運動的「結合」，是最能說明這種因果，卻也最常被人忽略的深層協同關係。[5]不過，既然兩邊陣營對彼此的批評，跟我對他們的批評有不少交集，自由主義者對本書的評價也算是滿正面的了。

我曾和這些把某一派自由主義看作死敵的人有過非常深入的討論，他們的態度頗為開放，和刻板印象大相逕庭，普遍都願意進一步反思自己認同的自由主義流派有哪些缺陷。年輕讀者特別願意這樣重新評價自己的信仰，而本書也吸引了非常多的年輕讀者。這有點鼓勵到我，因為這代表將來的美國政治中，可能會出現不同於目前自由主義霸權的新政治聯盟。

另一個對本書的常見批評，是我沒有提供一個發展完整的方案來取代自由主義。這些批評者也分成兩派，一派對這個不足感到失望，另一派則因為沒有可行的替代方案而得意。在寫到結語時，我一方面努力「謙虛地」寫出現實，一方面又要發揮大膽的想像力，但不管我怎麼做，都不可能滿足我的願望，在此時詳細寫出可以直接執行的替代方案。這是因為我想要抵擋那種自由主義式的思維，不願意相信政治在本質

5 Patrick J. Deneen, "The Power Elite," *First Things*, June 2015.

上是一種科技，只要有對的工具就可以解決問題。儘管如此，我也認為自由主義的失敗並不代表「自由主義的終結」，因此我試著提出一些具體步驟，讓人們可以在日常生活中實行，而這些步驟不需要推翻或摧毀當前已經疲軟卻仍然強大的自由主義秩序。

為了給那些希望立即行動的人一些建議，我在本書結尾提出在我們自己居住的地方耕耘文化，或者如果有必要，也可以到文化比較容易成形、生根的地方耕耘。我對於「現在可以做什麼」的提議很保守，但這讓許多讀者誤以為，我對「將來可以做什麼」也是這樣想的，認為那些就是一套集大成的政治解方。

事實並非如此。我在那些建議之後，還呼籲往新的方向探索政治理論，新方向必須有超越自由主義的遠大願景，也要結合中庸的認知，因為所有的政治革新都和自由主義哲學與政治一樣，需要至少數百年的時間發展。

但我現在覺得，相信這需要好幾代人的時間也許是錯的。在本書出版後的幾個月裡，自由主義秩序的脆弱就已經昭然若揭，受到社會主義和民族主義的左右夾攻。我們不必遙想在某個不可思量的時代裡，自由主義終於在漫長的燃燒中化作灰燼，而替代方案也從餘燼之中緩緩探出新芽，因為我們現在就身處一個亟需「斷代理論」（epic theory）的時刻。[6]一直以來，我們都只需要「尋常理論」就可以安然度日，在既有的典範中探索自由主義的極限與深意，確認它的牢固和恆常，但那樣的時代已經結束了。一旦舊有的典範失去說服力，愈來愈多事件在呼喚新方向的政治思想，斷代理論就有必要了。在寫這本書的結論時，我認為我們正在進行漫長的準備，以提出能夠承接自由主義的斷代理論。但是在短短幾個月內，我就看到美國的政治秩序被兩個瀕臨死亡卻又無力消滅彼此的政黨來回摧殘，也看見歐洲的自由主義秩序正在加速崩毀；這讓我覺得，「斷代理論」應該會突如其來地降臨。

在歷史上，這種時刻總在我們覺得自己準備好之前，就如閃電般到來。西元四一〇年，「永恆」的羅馬秩序出乎意料地傾覆，奧古斯丁的《上帝之城》到來就刻不容緩。很顯然，我們這時代也一天比一天更需要這麼一本劃時代的著作，而我希望提筆寫下那本書的人，就在我這本書的年輕讀者之中。雖然我也希望之後能再出一本書，

6 Sheldon Wolin, "Political Theory as a Vocation," *American Political Science Review* 63, no. 4 (1969): 1062–82.

討論能夠繼續前行的出路；但此刻，還是先讓你手中這本書解釋，為什麼我們需要一個劃時代的新方向，而且非如此不可。

作者序

本書在二〇一六年總統大選前三週寫完，主要論點來自過去十年的累積，當時英國脫歐和川普總統都還沒有出現。本書的基本假設是，我們從家庭、社區、宗教、文化中習得的規範，是先人留下的文明秩序的基礎，這些基礎注定遭受自由主義社會和政府的侵蝕。而且我認為即使國家的正當性危機日益嚴峻，自由主義依然會繼續用中央集權的政府，來解決傳統文化規範消失後留下的各種問題，繼續強迫那些已經懷疑政府的民眾，接受自由主義意識形態。因此自由主義將變得愈來愈赤裸，它愈是「普及」就會顯現愈多問題。

我認為這種政治狀況終有一天會被自己壓垮。當自由主義秩序愈來愈讓人喘不過氣，**不自由**（illiberal）的威權主義就會趁勢而起，允諾將政治、經濟、社會規範的權力，以及穩定生活的權利還給人民，因而贏得社會大眾的支持。但自由主義者面對威權的威脅，只會試圖更嚴格地維護自由主義政權，不會思考正當性危機究竟從何而起。我不確定這種悲劇會不會在我的有生之年發生，而且最近的演變也讓我思考是否該寫一本不同的書。但我相信自己最初的分析，依然有助於理解這個時代的基本輪廓，而且能讓我們的眼界抽離熱門新聞的標題，回到整體大局。

如今許多人都渴望出現某位強而有力的領導者，去拆除自由主義官僚政府與全球化經濟，把控制權還給人民。目前的政府與經濟局勢，是文化規範與政治習俗幾十年來消失殆盡之後所產生的，而自由主義在摧毀既有的家庭、社群、宗教的規範與制度之後，並沒有試圖建立新的規範來解決這些問題，尤其是那些最沒有被自由主義照顧到的人所遇到的困境。建立新的規範需要努力與奉獻，而當下的文化貶低這兩者的價值。因此許多人都試圖以中央集權的國家力量，去對抗統治權貴的專橫，落實自由主義的理想。對於政治滿心怒火卻又無路可去的人們，對民主治理失去了信心，把精力用來組織大規模抗議，而不是參與自治立法和民主審議。自由主義幫敵人打造了最棒的環境與武器，而且至今都沒有去檢視自己做了什麼。

雖然我在本書的結尾呼籲政治哲學家幫我們尋找可能的出路（尤其是如何擺脫自由主義打造出來的現代意識形態），但我認為真正的出路不是任何形式的政治革命，而是慢慢培育新型態的社群，讓我們在無所依歸的政治與經濟環境中找到安全的港灣。捷克異議人士哈維爾（Václav Havel）在《無權力者的權力》（*The Power of the Powerless*）中說過：「光是換一個更好的制度，未必能帶來更好的生活。反倒是每個人都用更好的方式生活，整個制度就會變得更好。」[1]只有從公民城邦（polis）長出的政治，才能凝聚出共同的生活目標，才能在代代傳承的快樂、悲傷和希望中讓人彼此背負、彼此感念，然後用信任與信仰去取代目前的懷疑、仇恨和怨懟。我亦師亦友的凱里·麥克威廉（Carey McWilliams）在他最鞭辟入裡的文章結尾說過：「補強我們的民主生活，是一項令人生畏的艱巨任務。它需要的是持之以恆的奉獻，而非那些

1 Václav Havel, "The Power of the Powerless," in *Open Letters: Selected Writings, 1965–1990* (New York: Vintage, 1992), 162.

亮麗的新玩意。」[2]當代中央集權的個人主義，已經不再重視奉獻和耐心，但如果我們想在自由主義頹亡之後，開創另一個比自由主義更好的新時代，我們就需要慷慨奉獻的靈魂，水滴石穿的耐心。

2 Wilson Carey McWilliams, "Democracy and the Citizen: Community, Dignity, and the Crisis of Contemporary Politics in America," in *Redeeming Democracy in America*, ed. Patrick J. Deneen and Susan J. McWilliams (Lawrence: University Press of Kansas, 2011), 27.

引言

自由主義的終結

人類在大約五百年前想出了一種政治哲學，試圖在不同的社會基礎上建立相同的政治模式，並於大約二百五十年前，在新生的美國進行實驗。這種政治思想相信，個人一出生便具備若干權利，可以創造並追求自己想要的美好生活。因此它將政府的責任限縮於「保障權利」，以自由市場經濟體系開拓出實現個人夢想願景的空間，藉此盡量保障每個人的自由。它認為政治的正當性來自社會契約（social contract），這種契約無論先來後到的成員都能簽署，並藉由自由公正的代議選舉來不斷追認。實驗結果顯示，法治、司法獨立、有效率的有限政府（limited government）、負責任的公職人員、再加上自由公正的選舉，讓這種政治秩序極為成功。

但到了今天，大約有百分之七十的美國人認為國家正在倒行逆施，一半的人認為最好的日子已經過去，大部分的人都相信下一代的財富與機會，都將比前幾代更少。每個政府機構所做的調查，都顯示公民愈來愈不信任政治；選民無論光譜是左是右，都認為政治已經淪為權貴的玩物。原本精心設計，用來維繫自由民主（liberal democracy）正當性的選舉制度，如今成了上流社會操弄民眾、中飽私囊的證據。美國的政治體系顯然已經支離破碎，社會結構已經分崩離析，貧富差距無限擴大，虔信者跟世俗者的敵意漸趨尖銳、對於美國在國際間角色的看法也嚴重分歧。美國的富人繼續擠進幾個特定都市，無視其他地方的人如何生活；愈來愈多基督徒覺得這個國家已經成了強弩之末的羅馬帝國，開始像中世紀本篤會（Benedictine）一樣不問世事在家隱居。各式各樣的跡象都顯示，美國有很多問題。愈來愈多的聲音警告，這個共和國的末日即將在眼前展開，即將被那些尚未命名的政權取代。

自由主義的規劃創造者做出的每個承諾，如今幾乎全都破滅。自由主義國家的控制之手，如今幾乎伸進了生活的每個層面，政府變成了某種無法控制的遙遠權力，永遠都在推動「全球化」大業，讓升斗小民更加無力。唯一沒有被侵犯權利的，似乎只剩下那些財富和地位多到可以保護自己的人。但即使是這些權貴的財產權、選舉權、影響代議士的能力、宗教自由、言論自由，以及個資與住所的安全，也不斷被法律與科技的進展所侵蝕。如今的經濟陷入菁英主義（meritocracy），讓既得利益者的優勢在子孫中不斷延續，用教育體系把人分成贏家與輸家。自由主義的願景與實施出來的現實愈差愈大，逐漸失去了人們的信任，讓人開始懷疑它只是一場騙局。

自由主義失敗了，但不是因為它做得不夠，而是因為它貫徹了理念。**它的失敗，**

正是因為它的成功。自由主義愈是「完全實現」，它的內部邏輯與自我矛盾就愈加明顯，它的意識形態落實得愈為具體，願景就愈是扭曲變形。自由主義這種政治哲學，希望使世界更加平等、讓各種文化與信仰多元並存、維護人類尊嚴、當然還有增進人類自由。但它在實踐中呈現的，卻是加劇了不平等、使世界變得更加同質統一、使肉體與精神共同墮落、使人們愈來愈不自由。幾乎可以說，它達成的巨大成就，全都是它要盡力反對的東西。但這些不斷擴大的災難，不是因為自由主義做得不夠，而是因為它成功了，成功到瘡痍滿目。如果我們看到這些弊病，就希望採取更加自由主義的措施來醫治，注定會火上加油，注定會釀出更嚴重的政治、社會、經濟與道德災難。

＊＊＊

面對這些困局，修補體制可能已經不夠。如果目前的社會讓白人的年老勞工奄奄一息、債務纏身的年輕人無路可走，那麼問題可能就不是常態政治（normal politics）

可以應對，不是政黨重組（political realignment）可以解決。我們眼前的問題，可能就是一場系統性的失敗，一種政治哲學的破產，一個我們視為理所當然的政治體系的崩壞。美國這場二百五十年憲政實驗背後的信仰結構，可能即將結束。雖然某些開國元勳相信自己發現了「一種新的政治科學」，可以抵禦所有政權注定的衰敗與死滅，甚至可以靠著憲法這台「自行運轉」的永動機來無視熵的侵蝕。但眼前的現實卻讓我們懷疑，美國可能不是剛剛開始它的永恆青春，而是即將走到所有人造之物終將面對的衰敗與死滅。

自由主義之於現代美國人，就像水之於魚。這種政治生態系統填滿了我們身邊的所有空間，讓我們優遊其中毫無所覺。現代世界原本有三種政治意識形態，但法西斯主義和共產主義接連倒台，只有自由主義挺立了下來。自由主義是第一個嘗試依照特定藍圖，改變人類生活所有層面的政治架構。它根據自己的政治信仰，不斷改造我們身處的社會與世界，因為我們身處美國，美國是第一個信奉自由主義的國家，每位公民都是它願景的產物。

但自由主義跟法西斯主義、共產主義不同的是，後兩者為了推動意識形態而產生了專制政權，自由主義則是在檯面下默默地改造世界。法西斯與共產主義凶殘無情，自由主義則狡猾陰險，它明明是一種意識形態，卻假裝中立，沒有任何偏好，不想影響國內的任何靈魂。它提供解放和消遣，給予自由、愉悅和財富，藉此籠絡人心。我們看不到它的存在，就像在電腦當機前看不到作業系統的存在，直到如今它的扭曲明顯到無法忽視，我們才開始談論自由主義。在柏拉圖的《理想國》裡，蘇格拉底說過一個寓言：我們都住在一處洞穴裡，洞穴的牆壁栩栩如生，播映著各種畫面，而且像老電影的舞台一樣，銀幕兩邊點綴著各種層次。絕大多數人相信牆壁上映照的就是現實，完全不認為自己被囚禁在一種隱形的事物之中。

但所有的意識形態都終將倒台，而且在為數不多的政治鐵律中，它是最牢不可破的一條。意識形態的倒台有兩大原因：首先，它們誤解人性，因此注定失敗；其次，當人們開始發現意識形態會在人性上碰壁，美好夢想與殘酷現實之間的落差就愈來愈大，最後就不再支持政權。這時候政權只剩下兩條路，要麼強迫人民遵從政權所捍衛的謊言，要麼無視現實繼續編織美夢，直到大規模失去人民的信任。一般來說兩者都會發生，只是一個早，一個晚。

因此，即使自由主義已經幾乎滲透到每一個國家，它所追求的人類自由依然愈來愈像是某種嘲諷，而非某種承諾。一九八九年它最後一個對手垮台時，「歷史的終結」（end of history）似乎沒有帶來伸手可及的極樂自由，反而使自由主義塑造出來的人類背負更大的痛苦。它精心打造的制度原本應該使人完全解放，不受任何拘束，如今卻將它受困無處不在的陷阱之中。

如今，世上有四種彼此獨立卻相互關聯的領域，都顯示自由主義已無路可走：政治與政府、經濟、教育、科學與科技。無論是哪個領域，自由主義都以增進自由、使人掌握自身命運的名義，改變了過去的體制。但無論是哪個領域，如今都變得怨氣沖天、怒火遍野。人們都已經發現解放我們的工具成了禁錮我們的牢籠。

政治與政府

自由民主國家的公民如今都陷入一種矛盾：他們選出自己的領導人與代議士，打造出自己的政府與「建制」（establishment），卻一邊與這些制度幾乎鬧翻。絕大多數人都認為政府冷漠無情、被富人把持、變成權貴中飽私囊的工具。自由主義誕生之初，原本要以自由的人民來取代過去的貴族，但滿心熱血的革命者，在消滅了舊秩序的所有殘黨之後，在子孫的眼中卻成了一種更惡劣的新貴族。

自由主義的原本是要限制政府的能力，讓人民免受執政者反覆無常的擺弄，但如今人們卻逐漸發現，政府已經違反了自由主義的設計初衷，完全無視人民的意志與管控。如今自由主義國家的「有限政府」，已經成為舊時代暴君夢寐以求的無上權柄，可以無孔不入地監控所有人民的遷徙、財務，甚至思想與行動。自由主義原本是為了守護每個人的良知、宗教、結社、言論、自理能力不受侵害，但實際上卻讓政府的手無孔不入地侵蝕這些自由。而且人們在逐漸無法掌控生活中各種面向（無論是否與經濟相關）的軌跡之後，更是要求一個全能的實體來解決各種問題。於是政府微笑著服從了，即便它名義上仍是人民的公僕，實際上卻像棘輪扳手一樣只進不退。公民愈是不滿，政府的權力就愈是擴張，而政府的權力愈大，離人民也愈遙遠，人民的無力感愈是明顯。

原本設計用來「提煉、拓廣」公眾觀點的代議政治，如今已經與公民極為遙遠。

如今代議士的工作變成了幫公民表達自己的無力，對面半永久的官僚體系則總是想著如何擴大預算、推行更多計畫。行政部門的權力愈來愈大，人民的監督已經有名無實，各種行政規章變成在表面上對人民負責的表演把戲。至於立法機關，照理來說應該要從人民的選票獲得正當性，如今卻逐漸受到唾棄；真正的立法權力，逐漸轉移到政府以大量預算制訂出來的各種行政命令手裡。[1]自由主義原本要用民選官員取代那些遙遠的貴族和皇帝，使人民能對政府課責，但如今的選舉卻愈來愈像是自欺欺人的門面工程（Potemkin），用一連串的表演，將當權者專斷決定的國內政策、國際事務，甚至是發動戰爭，都說成是經過人民的同意。

這種強大的距離感與無力感，並不能用更加完美的自由主義來解決，而且自由主義正是釀出這種危機的關鍵。自由主義認為人民只要每隔一陣子投個票，就能找出「賢能合適」的領導階層，或套用漢彌爾頓（Alexander Hamilton）的名言，找出那些

---

1 Adrian Vermuele, *Law's Abnegation: From Law's Empire to the Administrative State* (Cambridge: Harvard University Press, 2016).

「對商業、金融、談判、戰爭有高度熱情的人。」自由主義知道人民很難持續參與公共事務，所以直接移除了「公共事務」，讓人民保留精力來過自己的小日子。但這樣的權宜之計，卻讓「共和國」（res publica）裡充滿了「對公共事務一無所知的人」（res idiotica），整體社會（citizenry）中沒有任何公民（cives），最後就導致統治階級與人民完全分離。

經濟

經濟充分顯示了如今的公民有多不快樂。如今的公民經常被稱為「消費者」，想買什麼就能買什麼，但即便有這麼大的自由，卻依然對經濟時時焦慮，對日益加劇的不平等怨氣百出。至於那些經濟上的贏家，則一廂情願地以為只要提升平價商品的購買力，就能緩解經濟上的不安，縮小幾百年來贏家與輸家間的鴻溝。經濟不平等一直存在，而且可能永遠不會消失，但只有當代的文明讓贏家與輸家涇渭分明，以龐大的機器讓人生只有成功與失敗兩種選擇。馬克思曾說，經濟不滿的主因也許並非不平等，而是異化（alienation），也就是勞工與生產出來的產品失去聯繫，工作的內容與目標之間失去關係。如今的經濟不僅加深了工作上的異化，更製造出一種新型態的地理異化，全球化的贏家都聚在同一些地方，聽不見被他們拋下的整個世界。於是贏家一邊哀嘆經濟不平等，一邊譴責那些反對全球化的人固執守舊；輸家則沐浴在各種安慰之中，因為他們當下的物質生活已經遠比過去的貴族更加富裕，彷彿物質的舒適可以澆熄靈魂的怨火。

無論是城鄉差距問題、還是英國脫歐公投或者川普勝選，高高在上的領導人似乎一直無法理解在賣場購物的百姓為何那麼討厭當下的社會契約。但這些決策者即便看到現實，最後也只能兩手一攤，因為全球化的力量沛然難禦，任何個人或國家都無法違逆。無論你喜不喜歡經濟整合、標準化、同質化，都沒有第二條路可走。全球化的鼓吹者之一湯瑪斯・佛里曼（Thomas Friedman）曾說：

> 市場、國家、科技，如今都以前所未有的程度整合起來。個人、企業、國家如今都能用更低的成本快速深入觸及世界遙遠的另一端；而世界另一端的個人、

企業、國家也同樣能以更低的成本，快速深入觸及遙遠的你。2

人們想不想要「觸及」世界另一端的個人、企業、國家，如今已經不是值得討論的問題。這樣的現實已經無法停止，經濟體系既是自由主義的侍女，又是自由主義的引擎，它就像科學怪人一樣有了自己的生命，過程與邏輯都逃脫了人類的掌握。我們在獲得歷史上最大自由的同時，也對經濟失去了控制，只能被動接受經濟的前進。

教育

當代的年輕人被逼著接受一個可怕的經濟與政治制度，看不見自己的未來，甚至必須維護一個自己不想要又不信任的秩序，因此變得憤世嫉俗。他們一點也不覺得自己是歷史上最自由、最自主的一代，對自己手頭上的任務也毫無興趣。他們就像薛西弗斯一樣日復一日將巨石滾上山坡，既無成就又無熱情，只是毫無選擇地完成長輩要求的工作。這些年一直聽到他們的生命故事以及對教育的期望，每個人都說自己無力抵抗命運，被環境困住「無路可走」，只能無力地成為贏家或輸家，然後嘲諷世事，完全不相信這個體系維護了任何「社會正義」。即使是體系的「贏家」，放下心防之後也會說自己根本只是隨波逐流，跟著大環境一起欺瞞世界。我有個學生曾經這麼說：

> 我們為了活下來，打從一開始都必須變成菁英。只要沒有爬到頂端就是失敗，只會一直一直墜落。人生只有兩種選擇，要麼出類拔萃，要麼墊底。什麼分數及格就好，重要的是努力工作，根本都是謊言。無論是在餐廳跟人「閒聊」兩三個小時、認真思考哲學或道德問題、還是去約會，都會犧牲掉讓自己變得更強的時間……這是典型的囚犯困境，人是自私的，制度是腐敗的，活下來的唯一方式就是變得更強。唯一能夠避免失敗、避免失望、避免被身邊這個混亂世界壓垮的方法，就是自己努力一點賺到大錢。[3]

---

2 Thomas L. Friedman, *The Lexus and the Olive Tree* (New York: Anchor, 2000), 7.

3 摘自一位聖母大學二〇一八級學生對大衛・布魯克斯（David Brooks）文章〈Organization Kid〉的回應。文章為作者所有。

如今自由主義的先進國家都毫不留情地拿起大刀，砍斫思想落伍又不能賺錢的人文教育。大部分人文與社會科學的教授都在課堂上說，如今唯一剩下的政治問題，就是如何平等地尊重每個人。在此同時，大學卻是一個幫企業篩選勞工的工具，讓那些對於貿易、移民、民族、宗教觀點太過落伍的人失去就業機會。大學校園的政治立場幾乎完全一致，同時幾乎全都相信教育必須能換錢，這樣教出來的高薪畢業生，當然會在大都市裡一邊強烈抨擊當下的不平等，一邊享受其豐厚的果實。如今的大學爭先恐後地證明「學習成效」，推出大量能夠立即就業的新課程，或者把既有的課程改成能夠變現的樣子。畢竟全球化市場競爭激烈，這是求生的**唯一選擇**。幾乎沒有人注意到，自由主義先進國家明明是要盡量擴大每個人的自由選擇，最後卻讓愈來愈多人抱怨失去選擇，是不是哪裡怪怪的呢？

在自由主義如日中天的當下，人文學科卻一蹶不振。長久以來，人文學科一直都是讓人獲得自由，尤其是學會自治的公民基本條件。偉大的經典之所以偉大，不只是因為它們古老，更是因為它們記錄了各種得來不易的教訓，包括如何獲得自由，如何擺脫貪得無厭的欲望。如今人們放棄了這些經典，轉而教人如何賺錢、如何用工作把人生占滿，這些原本都是沒有「公民資格」的人才會學習的「奴隸教育」。當代的自由主義者一邊站在優越的道德高地，批評祖先那種允許奴隸、圈養農奴、使喚傭人的制度；一邊讓奴隸的教育形式幾乎滲透了所有教育。我們享受著自由的無上榮光，卻沒有人問過以往培養自由人的基本條件，也就是人文教育，如今為何成了不切實際的奢侈品。

科學與科技

我們希望當代的學生學習有用的學科，尤其是科學、科技、工程、數學（science, technology, engineering, mathematics，簡稱ＳＴＥＭ教育）。自由主義斬斷各種束縛的主要方法，是推出新的政治制度，但這套代議民主如今似乎已經失控；如今的經濟學，尤其是市場資本主義，正在無可逆轉地推動全球化；科學與科技這種最強大的解放力量，正在傷害我們的環境、扭曲我們的人格、以無法阻止的創新壓力帶來嚴重焦慮。過去的人們認為，有了現代科學就能不受自然擺布，進而「主宰」或「控制」自然，甚至在充分了解之後成功征服，贏得對大自然的「戰爭」。培根（Francis Bacon）就認為我們不該培養古人重視的智慧、審慎、正義美德，反而應該相信「知識就是力量」，只要嚴刑拷打大自然，就能讓她說出隱藏已久的祕密。

如今我們即使捨棄了培根的語言，依然以現代科學繼續探問能夠獲益的有用問題。但大自然似乎並沒有屈服。農民作家溫德爾．貝里（Wendell Berry）說得好，如果現代科學與科技是一場「對抗大自然的戰爭」，那麼「戰爭就不是只從我們這邊發動。當我們攻打自然，自然也在攻打我們……而且看來我們快輸了。」[4]當代常說的環境危機，諸如氣候變遷、資源枯竭、地下水汙染與稀缺、物種滅絕，全都在證明我們打贏了戰鬥，卻輸掉了戰爭。如今我們常說應該根據科學來處理氣候變遷問題，卻忘記了環境危機就是科學與科技連戰皆捷，讓我們用「科學」來衡量文明進展的結果。過去一百五十年來的勝利，讓我們以為自己已經實現了夢想，掙脫了大自然的束縛，最後卻使地球的二氧化碳含量瀕臨崩潰。但我們在這樣的狀況下卻繼續自欺欺人，相信科學既能解決現有的問題，又不會帶來新的禍害。

如今科技影響愈來愈大。這些科技號稱能夠解放時間地點，甚至身分的限制，卻也改變了我們。每個人口袋裡的手機都改變了我們的思維結構，把我們變成另一種生物。而且照理來說，科技應該讓我們呈現真實的自己，實際上卻讓我們屈就於它的格式與要求。[5]如今每個人都像上癮了一樣抱著手機，每天連一個小時都撥不出來看書、思考、沉思。我們精神渙散、無法集中、不再反省，一有空檔就開始滑手機。這些科技原本都是為了讓人類的連結更全面、更緊密，實際上卻使我們更孤獨、更疏離。[6]工作場所的機器正在取代人類，一方面解放繁重的工作，一方面使我們淪為機器的保母與幫手。操縱自然的科技讓我們開始改造自己的身心，未來的人類二・〇可能會與拒絕升級或無法升級的人類一・〇彼此為敵。[7]

---

4 Wendell Berry, "Agriculture from the Roots Up," in *The Way of Ignorance and Other Essays* (Emeryville, CA: Shoemaker and Hoard, 2005), 107–8.

5 Nicholas Carr, *The Shallows: What the Internet Is Doing to Our Brains* (New York: Norton, 2010).

6 Sherry Turkle, *Alone Together: Why We Expect More from Technology and Less from Each Other* (New York: Basic, 2011).

7 Lee Silver, *Remaking Eden: How Genetic Engineering and Cloning Will Transform the Family* (New York: HarperPerennial, 1998); Mark Shiffman, "Humanity 4.5," *First Things*, November 2015.

這些東西原本都該讓我們改變世界，最後卻在許多人，甚至大部分人都沒有給予「同意」的狀況下，改變了我們自己。它讓我們愈來愈像是自由主義想像中的生物，回到文明、法律、政府出現之前的「自然狀態」。但諷刺（而且大概不是巧合）的是，塑造這種史前生物的巨大政治力量，其實正是現代國家、經濟、教育體系、科學科技的各種設施。這巨大的體制讓我們逐漸成為分離獨立、自行其是、彼此無關的個體。每個人都生而自由，坐擁大量權利，卻充滿不安、感到無力、戒慎恐懼、孤軍奮戰。

＊＊＊

如今自由主義雖然極為成功，卻逐漸露出敗象。它以自己的願景改造了世界，藉由政治、經濟、教育、科學、科技，讓每個人擺脫地點、人際關係、社群的束縛，得到無所限制的最高自由；就連身分也能自由選擇、輕鬆穿戴、隨意修改與捨棄。如今我們都是自主的個體，唯一要服從的對象只剩下解放我們的那些工具，唯一的枷鎖只剩下這些所向披靡的解放之力。我們為了自由，而注定選擇成為自由的奴隸。

我們用這些工具擺脫了「與生俱來」的天性與侷限，藉由「抽象」、「無涉個體」（depersonalization）與這兩種最大的力量，來掙脫專屬於某時某地的責任、義務、人情、關係。「抽象」與「無涉個體」的兩大推手，分別是國家與市場。在它們的分進合擊之下，每個人都變得裸露無依，當代的政治辯論更掩飾了它們之間的珠胎暗結，讓我們以為只要依歸其中一種力量，就能免於另一種力量的掠奪。檯面上所有的政治言論，都聲稱可以用無涉個體的機制，來保障我們的自由與安全：市場集結了海量的個別選擇，可以讓我們在無需彼此理解、彼此猜測的狀況下，滿足每個人的欲望與需求；國家則以四海皆準的程序與機制，處理市場尚未充分解決的其他問題。

所以這些言論總是在捍衛個人自由與擴張國家能力之間二選一，掩蓋了背後真正的事實：國家注定強化市場，市場必然助長國家。個人主義來自國家力量，國家力量需要個人主義。無論是歐巴馬的「希望與變革」（Hope and Change）還是川普的「讓美國再次偉大」（Making America Great Again），都是利用現代自由主義讓政治一方面更加個人，另一方面卻更加集權。這不是因為其中一個政黨堅持個人自由，另一個政黨試圖擴張國家，而是兩個政黨都被自由主義的前提所影響，同時強化國家主義與個人主義。

自由主義一邊宣稱要讓每個人都擺脫固有文化、傳統、地域、關係的束縛，一邊依照自己的想像來改造世界。更諷刺的是，它明明不斷強調「多元文化」與「多樣性」，卻總是把地球的每個角落都打造成同個樣子。自由主義使我們擺脫了傳統關係的需索，但也讓我們失去自我依歸，並且忘記自己的一舉一動、一買一賣都會改變共同身處的世界。自由主義製造了過於強大的解放工具，遠遠超越了我們的管控，每個人在工具的大能之下都弱如螻蟻。這似乎顯示，自由主義制度並不是讓人獲得自由的工具，反而是一台吞噬我們，把我們壓成螺絲釘的巨大機器。

＊＊＊

如今我們最大的挑戰，就是不要試圖以更全面的自由主義，來解決自由主義目前產生的社會弊病。要讓自由主義那些摧枯拉朽的暴亂之力停止下來，唯一的方法就是停止相信自由主義。我們必須了解，當代兩種主流的政治立場，其實是同一枚偽幣的正反兩面。進步派相信只要繼續推動自由主義的理想，就能解放個人；保守派聲稱只要回歸憲法的統治觀念，美國就會再次偉大。

歷史可以給我們啟示，但既不會重來，也無法「復原」。自由主義肆意耗盡了它無法回充的物質資源與道德資源，對美好未來開出的空白支票，注定要在破產之後淪為空頭支票。保守派說進步派的理想注定無法實現，進步派說保守派只是妄想回到過去。它們都說對了，但都沒有找出新的道路。因為乍看之下對立的兩派，其實都在推動自由主義，它們攜手把政治攤成了一片泥濘之地。

但自由主義的自我毀滅，並不表示我們應該直接跳到它的反面，或者否認自由主義為我們奠定的長期重要貢獻。自由主義的魅力，來自延續了西方政治思想中最深刻的精神：**使人類的自由與尊嚴免受暴政、專斷統治、壓迫之害**。在這方面，自由主義可以說是古典思想與基督宗教在數百年的發展與實踐之後，終於開出的政治之花。自由主義真正的問題是它背叛了創造者的承諾，並沒有像發明它的人想像的那樣，藉由一套重新定義「自由」、重新設想人性的新制度，進一步保障人類的自由與尊嚴。因此，不再相信自由主義，並不是要我們拋棄自由主義的核心承諾，捨棄西方世界最重視的政治自由與人性尊嚴，而是要停止它的錯誤做法，不要再用錯誤的人類學想像來改造世界。

自由主義比它的競爭對手更早誕生，而且在對手雙雙敗亡之後存留至今。拒絕自由主義並不表示要建立另一種新的意識形態，因為新的版本肯定只是換湯不換藥，推翻秩序的革命只會帶來混亂與苦難。比較可行的方式，是以規模更小、更地區性的方式開始轉向，以實踐先於理論的方式，在自由主義反文化摧殘過的荒野之中，建立具有韌性的新文化。

托克維爾在十九世紀前期造訪美國時，發現美國人的行事作風並不像他的法國同胞那麼個人、那麼自私，美國的意識形態似乎比法國更好。於是他寫道：「美國人尊崇思想，甚於尊崇他們自己。」這些思想依然存在，如今我們該做的並不是繼續改良，而是重拾它們，尊崇這些思想甚於我們自己。只要我們孕育社群文化、鼓勵付出、推動小規模的民主，在改善鄰人命運的過程中逐漸培育更好的自己，我們就有可能建立一種更好的文化，甚至找到一種比功敗垂成的自由主義更好的政治理論。

第一章

自由主義的強弩之末

光是自由主義的名字，就包含了它最深層的意涵：自由。事實證明，自由主義不但充滿魅力，更充滿韌性，因為每個人的靈魂深處都渴望著自由。自由主義能夠成功崛起並廣布全球絕非偶然，因為每個受到專制壓迫、活在不正義的不平等之下、每個受貧困所苦的人都會支持它。在現實世界中，沒有其他政治思想能像自由主義這樣規律穩定地促進繁榮、維持相對政治穩定、促進個人自由。所以法蘭西斯・福山（Francis Fukuyama）才會在一九八九年說，關於理想政體的長久辯論已經結束，自由主義是歷史的終結。

當然，人類對自由的渴望不是自由主義發明或發現的。「自由」（libertas）一詞非常古老，打從古希臘羅馬人開始思考政治哲學，就一直把捍衛與實現自由當成主要目標。西方政治思想的經典著作，都重視如何約束那些暴政的衝動，如何對抗那些暴政的論述，它們的答案是培養美德與自治。希臘人尤其注重自治，他們認為那是個人與政體之間的橋梁，只有節制、智慧、中庸、正義這些美德彼此支撐的社會，個人與政體才能安然存續。若公民不活在自治之中，城市就無法自治；若城市沒有以法律和習俗，使公民身分成為一種美德習慣，就不會有自治的公民。所以希臘哲學強調美德教育（paideia），將其視為預防暴政、保障公民自由的主要途徑；但在很多時候，這種做法成為了維繫不平等的藉口，它認為城市應該由出身統治階級的明君來帶領，而且需要各式各樣的奴隸。

古希臘對美德的重視，之後延續到古羅馬與中世紀基督教的哲學思想中。這些思想繼續將美德當成對抗暴政的核心，同時發展各種制度來制衡領導人的權力；並各自以高低不一的程度，開啟了表達民意的非正式，甚至是正式的管道。如今與自由主義相關的許多政府制度，最早都是在現代社會誕生之前的幾百年內構想發展出來的：憲政、三權分立、政教分離、防止專斷統治的權利與保障、聯邦制、法治、小政府。[1] 雖然中世紀歐洲未必一直保障個人權利，未必持續守護個人尊嚴，它們依然發展出了

1 許多自由主義思想都可以追溯到前現代，而非人們以為的那樣到了現代早期才出現。這方面最棒的讀物至今仍是Howard McIlwain, *The Growth of Political Thought in the West: From the Greeks to the End of the Middle Ages* (New York: Macmillan, 1932)。亦可參閱同作者的*Constitutionalism, Ancient and Modern* (Ithaca, NY: Cornell University Press, 1940)。此外，John Neville Figgis, *Studies of Political Thought: From Gerson to Grotius* (Cambridge: Cambridge University Press, 1907)也很值得參考。

個人權利與尊嚴的概念。因此，有些學者甚至認為所謂的自由主義，其實是這套思路長久孕育得出的果實，而非現代人跳脫傳統的嶄新發明。[2]

雖然現代是從中世紀延續而來，所以這種說法有其道理；但那些主張現代帶來了巨大斷裂，尤其是產生了一套全新政治思想的說法，也同樣有其依據。畢竟古典與基督教中世紀的制度，是否真的延續為現代的自由主義，本身就值得爭議。甚至在進入現代之後，許多語詞的意義，可能都已經不同於古典與中世紀。自由主義之所以重要，除了因為它全盤推翻了先人的慣例，很多時候更因為它重新定義了共有的詞語和概念，藉此用一套完全不同的人類學假設，來改變原本的體制。

進入現代之後，「自由」的意義從此徹底不同。在那之前，自由一直是指某種自治條件，灌輸在政體與個人的靈魂之中，藉此防止暴政。這時候的自由，包括以紀律與訓練約束欲望，以及用各種政治或社會制度培育相關美德，讓人了解如何為自己負責。在古典時期與基督教中世紀，政治思想更接近「藝術」而非「科學」，它嚴重依賴運氣，知道衰退與腐敗是所有人類制度的宿命，只有出現偉大的政治家與開創者，鼓舞每個角落的人心，政治與社會才能進入良性循環，與日俱善。

現代性的著名特徵之一，就是否定了這種長久以來的政治觀點。社會和政治安排，變成一種既沒用又討人厭的東西。各種人類學假設與社會規範，都變成了衝突的根源，以及個人自由的阻礙。在這樣的觀點下，自由主義誕生了，一連串的思想家試圖在追求和平的過程中，瓦解那些不理性的宗教與社會規範，藉此促進穩定與繁榮，讓每個人找到自己的道德，獲得自由的行動。

這場思想與實踐的革命主要分為三塊。首先，它將政治的基礎，從對於「上層」的渴望轉為對於「底層」的信任。它認為古典時代與基督教中世紀的美德教育，是一種沒用的家父長式（paternalistic）工具，既容易被濫用又不穩定。打破這種安排的就是馬基維利（Machiavelli），古典與中世紀認為美德教育可以防止暴政，但馬基維利

2 Brian Tierney, *The Idea of Natural Rights: Studies on Natural Rights, Natural Law, and Church Law, 1150–1625* (Grand Rapids, MI: Eerdmans, 1997); Paul E. Sigmund, Natural Law in Political Thought (Lanham, MD: University Press of America, 1981); Richard Tuck, *Natural Rights Theories: Their Origins and Development* (Cambridge: Cambridge University Press,1982); Larry Siedentop, *Inventing the Individual: The Origins of Western Liberalism* (Cambridge: Harvard University Press, 2014).

說這種哲學思想只是痴人妄想，「那些想像中的共和國與君主國從來不曾存在，未來也不可能出現。因為人們的行為與道德的方向天差地遠，所有無視現實的理想派，都學不到如何自我守護，只學到如何自我毀滅。」[3]馬基維利認為，那些行為規範即使真正落實也無法持久，尤其自制最不可能。與其仰賴這些不切實際的妄想，還不如把政治思想建立在我們每天都看見的驕傲、自私、貪婪、虛榮行為之上。所以他說，最能保障自由與政治穩定的方法，不是推動崇高的「共同利益」與政治和諧，反而是鼓動各個階級彼此對立，讓每個階級為了自身的利益，「奮力阻擋」其他階級擴張。當人們承認自己的私心與物質渴望，就不再會去節制壓抑這些欲望，反而會找新方法來利用這些動機。

其次，古典時代與基督教中世紀強調的美德、自制、自治，全都仰賴遍布在政治、社會、宗教、經濟、家庭生活中的各種規範與社會結構。古典與中世紀用這些規範，讓人從暴政中獲得自由，但這些規範本身就是壓迫、武斷、限制的根源。笛卡兒（Descartes）和霍布斯（Hobbes）認為，不理性的習俗與未經檢驗的傳統，尤其是宗教信仰與宗教活動，其實反而帶來了專制統治和自相殘殺，使政權無法穩定繁榮。這兩人都用「思想實驗」（thought experiments）來彌補習俗與傳統的不足，他們去探問每個人在其他環境下會怎麼做，藉此將人類的自然本質與偶然處境區分開來，讓哲學與政治可以根據人類的本性，反思推論出一個合理的世界。他們都對這種理性充滿信心，相信這種更為個人主義的理性，可以取代存在已久的社會規範和習俗，來指引人們的行動；而且兩人也都認為，只要有一個中央集權的國家，就可以用法律將每個人導回理性的正軌。

第三，如果我們應該提出一套新方法，去替代過去那些既不穩定、又難以預料的政治基礎與社會規範，藉此擴大個人自由；我們當然也就沒有理由繼續臣服於大自然的宰制，應該設法擺脫自然的桎梏。一套「新的政治科學」必然伴隨著一套新的**自然科學**，這套新科學將重視應用，讓人得以戰勝自然。霍布斯的雇主培根就認為應該要改變當時的科學觀念，從知識探索轉為知識應用，強化人類掌控自然的能力，「使人

3 Niccolò Machiavelli, *The Prince*, ed. and trans. David Wooton (Indianapolis: Hackett, 1995), 48.

類獲得解放」。[4]因此，科學革命認為人類不該像過去的禁欲主義（Stoicism）和基督教文化那樣繼續「樂天知命」（acceptance），而是該相信人類的無限可能，相信自己能夠根據欲望來改造世界。

雖然上述這些思想家對「民治」（popular rule）都相當保留，不能算是自由主義者，但他們對政治、社會、科學、自然的革命性看法，卻成了現代自由主義的基石。在之後的數十至數百年內，一連串思想家從這三種核心觀念衍生出去，把自由重新定義為掙脫既有的權威、擺脫文化與傳統的專斷、用科學發現和經濟發展帶來的巨大力量統治自然。這就是自由主義的勝利，它需要不斷顛覆古典與中世紀的自由概念，不斷拆解各種規範、傳統、習俗。而其中最重要的，可能就是希望將個人的存在與偶然的出身背景分離開來，讓國家來保障大部分的個人權利與個人自由。

這些革命性的思想與實踐讓人類進入一場豪賭：當我們不再受限於過去的哲學思想、宗教規範、社會規範，當我們用新的方式看待自己與自然的關係，自由就有了一種全新的意義。在政治史上，大部分的「輝格史觀」（Whig）都認為人類賭贏了。自由主義的出現，終結了過去的無知，讓人類走出黑暗，從此擺脫各種壓迫和專斷的不平等，拆掉君主和貴族的寶座，帶來經濟繁榮與科技進展，進入從不間斷的進步時代。照他們的說法，自由主義終結了宗教戰爭，開啟了寬容與平等的時代，使個人機會與社會互動的範圍不斷擴大，最後進入全球化的高峰。自由主義所向披靡，接連戰勝了性別歧視、種族歧視、殖民主義、異性戀霸權，以及各種製造分裂隔離貶低的惡性偏見。

福山在一九八九年的重要文章〈歷史的終結〉中指出，自由主義已經確定全面勝利。[5]當時最後一個反對自由主義的政權剛剛垮台，福山認為這表示自由主義已經擊敗了所有的挑戰者、打倒了所有對手，是唯一正當的政治模式；更重要的是，它的成功是因為符合人性。在福山發表文章的二百年前，美國開國元勳建立了一個國家來實驗自由主義的效力，這個國家最後以無可反駁的事實，證明了自由主義在各種莫衷一是的政治哲學與政治實務中最為優秀，證明了人類已經在這場脫離傳統走入現代的五

---

4 Francis Bacon, *Of the Advancement of Learning*, in *The Works of Francis Bacon*, 14 vols., ed. James Spedding, Robert Leslie Ellis, and Douglas Denon Heath (London: Longmans, 1879), 3: 294–95.

5 Francis Fukuyama, "The End of History," *The National Interest*, Summer 1989.

百年豪賭中勝出。

「自由主義確定全面勝利」的主要意義之一，就是我們不需要再考慮其他類型的政治秩序。目前政體、公民、個人遇到的各種弊病，都只是因為尚未充分落實自由主義，或者只是科技或政策尚未到位而已。但自由主義的巨大成就遮蔽了我們的視野，讓我們總是以為自由主義只會遇到外部的威脅，而非內部的危機。我們都相信自由主義可以自我修正，可以修補缺點不斷進步，這是自由主義的本質，是自由主義最大的力量。這樣的信念，讓我們看不見自由主義最深層的弱點，看不見它自己造成的隱憂；讓我們以為眼前的所有弊病，都可以用更完美的自由主義方案來解決。

但社會互動與體制中的許多弊病，如今卻愈來愈明顯，而且滲透到自由主義政治之中。在掙脫古代的美德枷鎖之後，社會與個人都變得自私，難以追求共同利益，陷入了零和心態，公民愈來愈重視自己的利益，尤其是物質的利益，整個國家陷入兩極分化。此外，這種解放權威壓迫的「療法」讓社會失去了規範力量，只好用更多法律、警察、監視措施來補救。例如在禮教崩毀、道德敗壞之後，美國有愈來愈多學區為了避開家父長式壓迫的品格教育，開始在校內裝監視錄影機，事後懲罰犯規的學生。而人定勝天的思維也帶來各種災難，化石燃料摧毀了生態、抗生素濫用帶來抗藥性、科技造成的失業釀出政治問題。強大力量的幻夢已經開始破滅，文明進步的代價成了人類最大的危機。

而其中最糟糕的，或許是自由主義消耗了維持它存續的遺產和資源，卻又找不到回充的辦法。如今每種類型的社會紐帶都在鬆動：家庭的、鄰里的、社群的、宗教的、國家的，自由主義剪斷了這些紐帶的箝制，卻也埋下最深刻的危機。中央集權的國家政府與國際政府，如今角色愈來愈吃重，也引發愈來愈大的政治鬥爭，自由主義造成的均質化，成為了自己的弱點。全球市場取代各種其他類型的小規模經濟，把每個人壓進冷漠無情的交易之中，使資本主義走入危機，甚至必須擔心解體。在爭論教育與醫療保健政策時，重點都變成任務要交給國家還是市場，因為這兩種方式都無法取代的地方互助與義工奉獻，如今已經日漸式微。自由主義的勝利，同時消耗了自然資源與社會資源，這些資源既不是它創造的，它也不能補充。它不知不覺挖去了自己腳下賴以佇立的土地。

自由主義是場賭局，賭它帶來的巨大收益能夠超過成本的不斷累積；但自由主義也讓我們忘記，成本之所以會愈疊愈高，正是因為我們期待了太大的收益。如今大多數人都以為這場賭局賠率已定，自由主義造成的問題已經不再是需要討論的問題。但愈來愈多證據顯示，當代世界的許多危機都不是因為現實環境，而是因為自由主義，莊家的使者已經按下了討債的門鈴。我們隔了太久才發現這場賭局對莊家有利，自由主義的代價如今鐵證如山，只有井底之蛙的意識形態才會以為它可以繼續存續。

自由主義政體的根基，並非現代憲政體制那些白紙黑字的政治與法律規定，而是兩項基本信念帶來的驅力：（1）人類學的個人主義，以及意志論（voluntarist）的自由選擇觀。（2）人類與自然彼此獨立且二元對立。這兩項對人性與社會的革命性看法，都帶有濃厚的人類學色彩，它們為「自由」帶來了一種全新的定義，構成了「自由主義」，並使這種制度走入一種特定的方向與模式。

自由主義的意志論

自由主義的第一次革命，是它最基本也最獨特的部分，它用個人不受拘束的自主選擇，重新當成政治的基礎。這種觀念就是意志論，首次出現在霍布斯對君主制的辯護之中。霍布斯的說法是自由主義的雛形，認為人類的自然狀態是完全獨立、完全自主（autonomy），但這樣的生命遍布危機，活得「齷齪、粗暴又短暫」。為了守護自己的利益，人類會理性地犧牲大部分的自然權利（natural rights），向君主換取保障與安心。也就是說，君主統治的正當性來自人民的同意。

國家的建立是為了約束個人的行為，以法律嚇阻那些分裂社會的惡行。霍布斯認為每個人都重視自我利益，不會為了守護共同的利益而約束自己，所以才需要法律。他在《利維坦》（*Leviathan*）中表示法律就像圍籬，「不是為了擋住旅人，而是為了讓他們順利旅行」，法律約束我們的天賦自由（natural liberty），防止我們做出「急躁、魯莽、輕率」的決定[6]，「在法律沉默的地方」，自由依然存在，而且法律只能以「我們授權的」明文規則來限制。[7]另外，我們的天賦自由只會受到國家的限制，只

6 Thomas Hobbes, *Leviathan*, ed. Edwin Curley (Indianapolis: Hackett, 1994), 229.
7 同上，頁229。

有國家才能制定、執行實在法（positive law），就連宗教信仰是否合法，都是由國家來決定。國家負責維護社會穩定，防止社會回到無政府狀態，藉此「保障」每個人的自然權利。

對霍布斯來說，人類本質上是獨立、自主、彼此不相關聯的動物。他的著作影響了自由主義，從此人類關係的正當與否，愈來愈取決於個人的理性選擇，無論是政治紐帶還是其他紐帶的正當性，都愈來愈仰賴於是否能夠維護個人自身利益。

洛克延續霍布斯的哲學思想，主張個人的自由選擇注定會影響所有關係，甚至家庭關係。洛克是第一位自由主義哲學家，他雖然在《政府論．下卷》（*Second Treatise of Government*）中，承認父母養育與子女服從的義務都來自《聖經》中的「當孝敬父母」，但卻也認為每個人最後都得讓孩子學會同意，所以自然狀態下的原始人類社會，一定是每個人自主選擇的社會。「每個人的**孩子**，都天生像他和他的祖先一樣**自由**。這樣的自由，讓他們能夠自己選擇加入什麼樣的社會，身處什麼樣的國家。但當他們想繼承祖先的**遺產**，就得像祖先一樣接受條件，並遵守伴隨遺產而來的所有約束。」[8]換句話說，即使是那些全身上下都繼承自父母的人，也是因為同意才會繼承，無論這種同意是否明文說出。

洛克認為就連婚姻也是一種契約，這種契約是暫時的，內容可以修改，尤其在盡完養育子女的責任之後。既然最核心的家庭關係都源自個人選擇，那麼其他體制與其他結社的關係就更不用說。在這些更鬆散的關係中，每個人都可以隨時反思繼續參與是否對自己有利，隨時檢查這項關係是否侵蝕了太多個人權利。

這當然不是說，自由主義之前的時代都不重視個人選擇。中世紀基督教明顯擴大了個人選擇的範圍，例如將婚姻從一種延續家庭守護財產的制度，轉變為一種基於個人同意的聖事（sacramental love）。自由主義真正的創新，是讓個人在評估是否參與體制、社會、結社、團體，以及是否與其他個人建立關係時，不再需要考慮對社會的影響、對制度的義務，以及對上帝的義務，只需要算計是否對自己有利即可。

自由主義從一開始就明確表示，它只涉及政治、社會、私人決策。但光是它預設的意志論，本身就帶有規範意義，當你相信行動出於自主選擇，你對自我與世界的觀

8 John Locke, *Second Treatise of Government*, ed.C. B. MacPherson (Indianapolis: Hackett, 1980), 40.

點都會改變。因此，自由主義理論總是希望人們能用新的方式看待自我，用新觀點思考自己與他人的關係。它經常聲稱自己對人們在自由社會中做出的選擇保持中立，它只捍衛「權利」，不守護任何版本的「善」。

但自由主義對於個人決策的預設，本身就不中立。它跟經濟學很像，經濟學聲稱自己只是假設每個人基於最大效用而個別行動，並不帶有任何價值判斷，但往往卻讓學生變得更加自私。自由主義也是一樣，它只是說關係和紐帶可以不斷調整，沒有任何承諾有權把人綁死，但卻讓人以為所有政治關係與經濟關係都能用完就丟、都能不斷修改，甚至連地方關係、鄰里關係、國族關係、家庭關係、宗教關係，**所有的關係都是這樣**。在自由主義之下，人的關係慢慢變得鬆散。

人定勝天

自由主義根據第二項人類學假設，發動的第二場革命，政治色彩沒那麼明顯。前現代的政治思想，尤其是被亞里斯多德（Aristotle）的科學理解影響的那些，都認為人類是整體自然秩序的成員。照當時的說法，大自然賦予人類一個不可改變的終極目標，而且人性與自然秩序互通，所以人類必須遵守自己的本性，同時好好扮演自然世界中的角色。人類有能力違反本性與自然秩序，但這只會自我扭曲，並損害人類與大自然的利益。亞里斯多德的《倫理學》（*Ethics*）和阿奎那（Aquinas）的《神學大全》（*Summa Theologiae*）都不斷描述自然法則對人類的限制，兩者都認為需要藉由美德教育，讓人知道在各種限制下如何活出最好的人生，如何促進人類的發展。

但自由主義哲學認為，人類不該自我設限。它先是主張人類不需要臣服於自然，然後主張人類並沒有天性。這套思想啟動了自然科學與人文學科的轉型，更讓人以全新的方法思考自己與自然世界的關係。它的第一波浪潮最早可以追溯到文藝復興時期的前現代思想家，這些人認為人類應該利用自然科學與新的經濟體系來掌控大自然。第二波浪潮則主要來自各種歷史主義（historicism）學派，尤其是十九世紀，這些學者從歷史中發現人性有「可塑性」，道德也會不斷進步，人類根本無所謂天性。這兩波自由主義思潮，就是當代爭奪優勢的兩種主力，前者經常稱為「保守派」，後者經常稱為「進步派」，但其實兩者之間隱隱連著密切關係。

引領第一波浪潮的思想家，是自由主義原型時期的培根。培根找過霍布斯擔任助手，而且也跟霍布斯一樣，抨擊過亞里斯多德與阿奎那對大自然與自然法則的看法。他主張人類有能力「掌握」或「控制」大自然，甚至能夠逆轉叛神墮落（the Fall）的影響，重新獲得永恆的生命。[9]

在這種觀念下，自由主義和全新的自然科學緊密相連；而自由主義所倡導的市場導向自由經濟，也促使人類進一步利用、征服、掌控自然。近世的自由主義認為人性無法改變，人類天生自私，欲望只能設法駕馭，不能根本消除。所以人類所能做的，就是引導與生俱來的自私與占有欲，利用一種新的經濟與科學體系，來提高我們對自然現象的掌控能力，藉此增進個人自由。

但到了第二波自由主義思潮，一群人先後批評這種看待人性的方式。從盧梭（Rousseau）到馬克思（Marx），從彌爾（Mill）到杜威（Dewey），從理察・羅蒂（Richard Rorty）到當代的「超人主義」（Transhumanism），都認為人性不是固定鐵板一塊。他們從第一波思想浪潮汲取養分，主張既然人類能夠征服自然，當然也能夠改變人性。

到了今天，第一波自由主義就是「保守派」，他們堅持用科學與經濟來掌控大自然，但反對用同樣的方式掌控人性。在他們眼中，為了經濟利益改變自然的行為幾乎都可以，但利用生物科技「強化」人類的行為大半都不行。至於第二波自由主義者，則愈來愈支持用科技掙脫肉體與本質的一切限制。當代的政治辯論，幾乎完全被這兩種自由主義者之間的爭執壟斷，而且兩種派別都捨棄了過去的觀念，沒有人想用前現代的角度，去設想一種完全不同的人性概念與自然關係。

因此，自由主義並不像人們常說的那樣，只是在改革政府的憲政體制，以及守護個人的司法權利。事實上自由主義試圖改變人類生活方式與整個世界。它的兩大革命性觀念，也就是人類學的個人主義觀，以及意志論的自由選擇觀，再加上堅持人與自然彼此獨立且二元對立的看法，催生出了一種全新的自由概念，這種概念讓人類的自主決定範圍無遠弗屆。

9 Francis Bacon, *Valerius Terminus, Of the Interpretation of Nature, in Spedding*, Ellis, and Heath, *The Works of Francis Bacon*, 3: 218.

在那之前的自由，是指人類在練習之後，從天生享樂欲望中掙脫而出的狀態。這種自由，讓每個人都能將自己培養實踐的美德，融入共同的決策過程中，它使城市得以自治，靈魂得以自決。這種社會最重視的就是每個人的自我管理，自我管理是種藝術也是種美德，只有在全人的教育中才能塑造。

但自由主義不這麼認為。它把自由理解為一種條件，一種讓個人行動不受實在法約束的條件。這樣的自由概念，當然會把它想像中的自然狀態化為現實，當然會用各種法律、政治、經濟、社會的結構，逐漸把每個人各自為政的生活方式，從它的理論中實現出來。自由主義讓我們能夠自主決定的東西愈來愈多，法律的出現與政府規模的擴大，壓制了所謂「自然狀態」無政府的渾沌暴亂。它也讓每個人從原本既有的社群中解放出來，彼此之間只剩下鬆散的聯繫；並讓人類進一步掌控自然、利用自然，藉此讓人類能夠做出所有自己想做的事。

諷刺的是，要讓個人自主決定愈多事情，就得讓國家控制愈多東西。當你要解放各種結社與關係的束縛，你就得訂定實在法。無論家庭、教會、學校、村莊、社區關係，都是利用日積月累的非正式期待來規範人的行為，這些規範主要都是文化性而非政治性的。在這種狀態下，法律主要是既有文化的衍生，是將家庭、教會、社區的不成文規定，挑一部分搬上檯面。若你要人脫離這些規範的掌握，就必須另立一套法律來約束行為。而且社會規範一旦開始喪失權威，就會愈來愈像是舊時代遺留下來的無理壓迫，人們就會要求國家出來伸手消滅。

所以自由主義注定會導出兩個重點：**解放的個人，以及無所不管的國家**。霍布斯的《利維坦》就是非常好的例子：國家由完全自主的個人組成，這些人也都在國家的「控制」之內。個人與國家，是自由主義本體論的兩大焦點。

在這樣的世界中，人們不再需要感激先人，不再需要對未來負責，可以追求當下的滿足。文化不再傳授過去的經驗智慧，不再教人謙沖自牧、進對得體，而是滿足各種原始欲望，提供各種享樂消遣，一切都是為了盡情消費、培養嗜好、讓人超然物外。在這樣的社會中，人們當然逐漸變得恣意妄為、驕縱輕狂。

所以我們的學校不再重視節制、風度、誠實引用，開始進行各種目無法紀和作弊欺騙的行為，而且愈來愈愛監視學生；我們即將成年的孩子不再好好談戀愛，直接用「一夜情」之類的活動滿足自己的性需求。我們不再跟人相守一生，而是制定各種新規則，讓人無論結婚與否都能盡量保有自由。我們愈來愈覺得孩子是個拖累，所以不斷開放墮胎，使已開發國家的總體出生率節節下降。我們在經濟上開始炒短線，用當下的短期獲利取代長期的投資和信託。我們把地球資源當成自己與生俱來的權利，肆意濫用殆盡，讓下一代失去了肥沃的土壤和乾淨的飲水。我們認為這些行為都無須限制，即使需要，也應該是由國家訂定的法律來處理，不該由文化培養的德行來產生。

當你認為生命的核心是追尋霍布斯所謂的「只有死亡才會停止的權力」，或者托克維爾所謂的「煩亂」（restlessness）、「不寧」（inquietude），你就會追求無盡的自我實現，不斷尋找力量來滿足欲望，需要不斷加速的經濟成長，最後毫無上限地吞噬天地。這樣的社會無法承受逆境，經濟成長一旦減緩甚至逆轉，整套自由主義便難以存續。當你認為「權利」比「善」更重要，不對每個人的追求進行道德判斷，你就是在鼓勵人們盡情打扮，自由表現。在這樣的社會中，人們不再進行艱難的道德抉擇，只會挑選自己想要的生活風格。

打造自由主義的人，大多把社會規範的存在視為理所當然，並設法把人從組織和教育中解放出來，使人不再囿於規範自我設限。在自由主義剛出現的時候，家庭、學校、社區繼續安然存在，只是失去了哲學上的正當基礎。但隨著自由主義不斷前進，這些體制的權威也一個個被打破，它們不再能夠塑造規範，於是陸續解體。到了下一個階段，人們開始認為這些體制根本就是過時的老古董，是個人自主的絆腳石，於是開始主動招喚國家機器，把人們從古老的束縛中解放出來。

如今，自由主義在征服自然的過程中，已經消耗了太多千百年來的物質與經濟遺產。政治領導人無論提出怎樣的綱領，都必然會使用更多資源。如果人類停止繼續征服大自然，能使用的物資不再增加，能消費的財貨不再變多，自由主義就會在政治上崩潰。一個叫人樂天知命、安分守己的政客，怎麼可能獲得權力？

所以自由主義注定是場豪賭，賭人類可以脫離古老的行為規範，不斷征服自然，獲得近乎無限的選擇力量。但如今我們看到的，卻是物質資源枯竭，人們失去自制能力。這不禁讓人擔心，自由主義之後的世界將如何發展。

如果我猜得沒錯，在道德與物質儲備雙雙耗盡之後，自由主義便將自取滅亡。接下來我們有兩條道路，一條是捲起袖子建立地方自治，另一條是在日益混亂的無政府狀態與日益絕望的國家專制之間兩極搖擺。自由主義的內容使它終將迎接自己的末日，因為社會規範愈是稀薄，自主個體就愈不願意遵守秩序；而且物理世界有其極限，不可能讓物質需求無盡增長。接下來該怎麼做？要開始建立地方社群實驗各種自治，找到人們能夠接受的限制；還是要放棄治療，進入一個極端放縱與極端壓迫並存的未來？

古人說得好，人類是政治的動物，只能用從社群中學到的美德，才能知道如何共同訂定規範，設下共同的極限，獲得共同的自由。否定這個條件必定付出代價。如今許多人都在探討個人自由帶來的各種社會、經濟、政治病徵，卻不去思考病徵背後的深層機制，也就是自由主義思想帶來的後果。大部分的批評都把當下的道德危機和經濟危機，當成了技術問題，以為只要找到更好的政策就能解決；但真正的智者必須想得更遠，思考當下這些危機是不是一場大災變的前兆。古羅馬人對自己的治世充滿信心，以為羅馬能夠千秋萬世直到永遠；如今蠻族已經遍布我們的羅馬城內，我們該認真思考一個更好的未來。

第二章

個人主義與國家主義是一體兩面

自法國大革命以來，現代政治基本上就分成了左右兩派。這個區分來自法國國民議會，革命家坐在議會的左邊，保王黨坐在議會的右邊。這些詞流傳至今，是因為他們代表了兩種截然不同的世界觀。左派喜歡變化與改革、追求自由與平等、邁向進步的未來；右派重視秩序與傳統、守護既有的階層、重視過去的傳承。無論我們把兩者之間的差異稱之為左右之爭、藍紅之戰，還是自由與保守的對決，似乎都掌握到了人類兩種基本性格之間的分歧，兩種注定無法相容的政治觀點。如果我們聽到有人生了孩子，第一句會問的是孩子是男是女，那麼在我們長大成人那一刻，第一個被貼上的標籤就是左派右派。

當代生活有許多層面都以這種方式左右二分。除了政治機器裡的各種評論家、媒體、顧問、民調專家、政治人物之外，我們身處的社區、職場、學校，甚至宗教選擇也都分成左右兩派。[1]我們很容易認為自己跟政治觀點相同的人比較像，無論他們來自哪個州、哪個國家、屬於哪個民族或族裔、信奉哪個宗教。想想人類史上發生過多少次宗教戰爭，就會覺得我們現在竟然可以不管這個，實在不可思議。如今保守福音派會信任的朋友，通常不是自由的路德派，反而是東正教的猶太人或傳統的天主教徒。自由的南方白人，很可能在保守的白人鄰居面前守口如瓶，卻會跟北方民主黨黑人談起政治觀點。如今進步派的同性戀跟自由派的基督徒，也很快能夠達成共識。這個時代的大學校園，不再鼓勵使用帶有性別的代名詞，各地差異也逐漸在全國上下的單一文化中消失。但政治差異卻留了下來，成了一個似乎永遠無法撕下的烙印，甚至成了每個人注定會長出來的身分認同核心。

在當代的先進自由國家，左右兩派的重大分歧，大幅影響了幾乎每個具有政治意識的人的觀點，讓我們幾乎無法注意到，這兩派的共識其實遠超過它們自己的想像。但只要你仔細看看，就會在左右派看似不可逾越的鴻溝下，看到一塊共同的巨大土壤。那塊土壤就是自由主義，它讓兩派不斷互批互諷看似不共戴天，卻都用各自的方

1 Bill Bishop, *The Big Sort: Why the Clustering of Like- Minded America Is Tearing Us Apart* (New York: Houghton Miffl in Harcourt, 2008); Marc J. Dunkelman, *The Vanishing Neighbor: The Transformation of American Community* (New York: Norton, 2014); Charles A. Murray, *Coming Apart: The State of White America, 1960–2010* (New York: Crown Forum, 2012); Robert D. Putnam and David E. Campbell, *American Grace: How Religion Divides and Unites Us* (New York: Simon and Schuster, 2010).

式，隱隱地推廣了自由主義。

現代美國的政治格局，是兩黨永無止境的互鬥。「保守派」守護個人自由與機會平等，重視市場應該自由不受管制；「自由派」則試圖讓政府獲得更大監理與司法權力，藉此使經濟與社會變得更平等。我們主流的政治敘事，也把洛克和開國元勳的後人當成個人主義的捍衛者；把彌爾和杜威的信徒當成國家主義的「進步派」，以為兩者之間的世界觀完全沒有重疊之處。

即使只是偶爾看看美國政治新聞，也都知道兩者之間的分歧有多明顯。保守派繼承古典自由主義的傳統，堅決反對國家擴權；自由派相信進步主義的理想，認為個人主義不負責任。無論是經濟貿易政策、醫療保險、社會福利、環保問題，或者各種其他熱門議題，兩派人馬的爭執最後都會回到這裡，都會變成國家是否應該盡量收手，讓市場力量來實現最好的政治結果；還是應該讓政府主動出手，以更公正的方式分配利益與協助。

對此，古典自由主義者認為個人是社會的基礎，個人的契約與同意帶來了有限政府。進步自由主義者認為個人永遠無法自給自足，我們必須把自己當成整體人類的一分子。這兩種觀念不僅對政策的看法完全不同，甚至連背後的人類學假設都不一樣，我們當然很難注意到兩者背後相同的脈動。

其實長久以來，個人主義和國家主義一直都共同前進、互為支撐，兩者都把世界說成孑然一身的個體，加上掌管所有人的抽象國家，讓我們看不見社會上各種真實而重要的關係。左派與右派雖然從不同的角度，使用不同的手段，推動不同的理想，卻都促進了國家主義與個人主義的擴張。兩者背後的隱隱合作可以解釋，為何無論歐洲還是美國，當代的自由國家，都一方面更為中央集權，一方面更為個人主義；為什麼這些國家的中央政府都更加強大而活躍，人們與中介體制（mediating institutions），也就是社團、政黨、教會、社群，甚至家庭之間的關係卻變得更加鬆散。無論「自由派」或「保守派」，都已經把國家當成個人主義增長的主要動力，把個人主義當成國家擴權的最大原因。

左右兩派之間的深層連結主要來自兩個層面：首先，無論是古典自由主義還是進步自由主義，都把國家當成促進與保障個人自由的核心；其次，左右兩派各自推動理想的政治與實務方式，都擴大了國家權力，並使人們把重點放在自己。我在前一章中簡述了自由主義的「兩面」為何一邊激烈爭執，一邊共同推進自由主義。本章則要進一步探討兩者之間的隱隱合作如何發生，尤其是自由主義思想從何而來，又在美國長成什麼樣子。

「古典」自由主義與「進步」自由主義都認為應該讓每一個人，能夠脫離地域、傳統、文化，以及所有既定關係的束縛。雖然兩種思想的手段不同，但都屬於自由主義。兩者都希望解放個人，而且主要的方法都是以自然科學輔以國家協助，讓人脫離生來遇到限制。也就是說，國家主義與個人主義，都是一種反對地方體制、蔑視自然約束的思想。雖然兩者之間具有各種差異，但無論洛克抑或杜威、培根或者貝拉米（Francis Bellamy）、亞當．斯密還是理察．羅蒂，都為這樣的願景而深深振奮。

古典自由主義的哲學起源與現實意義

這聽起來有點不可思議，畢竟古典自由主義的說法似乎完全相反。根據社會契約論，國家並沒有創造個人，而是每個生而自由平等的個人，簽下自己同意的社會契約，形成一個權力有限的政府。無論霍布斯還是看法有許多差異的洛克，都認為每個自然人原本彼此獨立，不屬於任何整體；都認為我們「生而自由獨立」，不受任何統治，彼此之間甚至毫無關係。當然，就像朱弗內爾（Bertrand de Jouvenel）諷刺的一樣，這種社會契約論只有「忘了童年時光又沒生小孩」的人才講得出來。[2]這種思想以為自由等於完全沒有政府與法律，「一切都是正確的」，每個人想做什麼就做什麼。但即使現實世界從未發生類似的事情，人們還是可以把這種「自然狀態」中的「天賦自由」當成規範性理想，主張理想狀態下的自由，就是每個人都能做他自己想做的所有事情。它翻轉了古代的自由概念，不再認為只有培養美德、共同組成自治政府才能獲得自由；反而認為自由等於盡可能追求目標、滿足欲望，擺脫政府與傳統施加的人為限制。

霍布斯與洛克都認為，我們簽訂社會契約不只是為了確保自己的小命，更是為了確保自己能夠行使自由。他們兩人都明白（洛克更是特別清楚），在形成政府之前，

2 Bertrand de Jouvenel, *The Pure Theory of Politics* (Indianapolis: Liberty Fund, 2000), 60.

我們不但得面對其他人永無止境的競爭，還得對抗我們頑冥不靈的本性。洛克哲學的其中一個主要目標，就是讓國家協助每個人獲得更大的自由。洛克所謂的自由是滿足欲望，法律不是幫忙自律的工具，而是幫忙實現更多可能的工具，「法律的目的不是限制或拘束自由，而是保護和擴大自由。」[3]我們之所以接受社會契約，是因為契約中的條款能夠消滅那些限制個人自由的習俗甚至法律，增加了我們的個人自由，並增強人類掌控自然的能力。洛克所謂的法律增進自由，是指法律能讓我們掙脫大自然的限制。

所以對自由主義來說，雖然理論上個人以社會契約「創造」了國家，但國家實際上卻讓個人能夠獲得更多自由，因而「創造」了更能夠控制環境的個人。雖然現代的政治報導，常說個人與國家天生就注定衝突，但其實自由主義在個人與國家之間建立了難以斬斷的深層羈絆，讓強大的國家政府成為促進個人自由的唯一手段。而且根據這種觀點，如果我們既有的自由需要法律來保障，那麼若想獲得更多自由，就必須擴張法律的管轄範圍。所以自由主義的國家，不能只是充當人際衝突時的仲裁，還必須保障每個人能夠順利發揮活力創造成果，尤其是能夠自由自在做生意。國家必須讓自主的個人行動盡量不受限制，這表示理論上的自然狀態，在現實中必須由國家來維持。

所以對自由主義而言，國家的主要功能之一就是讓個人盡可能掙脫所有限制。自由主義的理論關鍵，就是希望人能夠脫離自然限制，盡量實現欲望，像洛克就說過，人生的核心目標之一是追求「無痛的身體」（indolency of the body）。商業是解放個人的主力，商業創造更多機會、更多物質，讓人滿足既有的欲望，甚至創造原本沒有發現的新欲望。所以國家必須負責推動商業發展，尤其是擴大貿易、生產、流動的能力。[4]市場擴張所需的基礎建設並非「自發秩序」的產物，它需要一個無所不在，力量不斷增強的國家結構去打造，有時候甚至必須強迫人民配合。這類基礎建設，一開始會先影響國內經濟，國家必須在這段過程中推動經濟理性，落實冷靜無情的現代市場。一旦成功，這種體制就會成為自由主義征服全球的主要動力。彌爾在《論代議政府》（*Considerations on Representative Government*）中就主張這種帝國主義，認為應

3 Locke, *Second Treatise of Government*, ed. C. B. McPherson (Indianapolis: Hackett, 1980), 32.
4 因此憲法積極要求國會「推動科學與實用技藝的進步」。

該讓「未開化的」民族獲得更高的經濟生產力，如果有必要就「強迫他們一段時間」，甚至「讓他們暫時成為奴隸」。[5]

商業擴張的主要目標之一，就是讓個人從長久以來的傳統紐帶與人際關係中解放出來。自由主義國家除了被動地仲裁爭議、保障個人自由之外，還得主動「解放」個人，讓每個人能夠自己做出完全自由的選擇。自由主義的核心假設，就是把個人當成全人類的基本單位，當成自然狀態下唯一獨立存在的東西。它的目標是用各種方式讓個人更能實現自己，要求國家以武力強迫，或者以不斷降低脫離門檻的方式，使個人能夠掙脫既有的各種片面限制。它讓社會中的每個群體都落入國家的管理之中，讓國家決定每個群體的正當與否，並相信這樣個人就能擺脫更多限制，直接面對國家。

自由主義推動理想的方式與科學方法完全相反。科學方法是先整理出一套哲學論證，然後才開始在現實中推動；但自由主義預設的個人行為，卻從未出現在任何現實世界中。自然狀態中的個人，從來不曾無視社會與環境脈絡，完全以經濟理性追求自己的利益；反而只有在現代社會早期，國家開始精心推動自由主義秩序的時候，才有人做過這種事。自由主義在推動新體制的時候，也同時散播一種正當性迷思，它主張自由主義秩序，來自每個不受拘束個人的自主選擇，而非政府的大規模干預。絕大多數人都聽信了這種謊言，只有少數學者發現，其中之一就是歷史兼社會學家卡爾．博蘭尼（Karl Polanyi）。博蘭尼在經典著作《鉅變》（*The Great Transformation*）中詳細敘述國家如何無視既有的文化與宗教限制，以道德為由進行經濟安排，藉此降低文化與宗教的鉗制，使個人能夠正確理解經濟活動的力量，並以經濟方式追求個人利益與重要價值。[6]博蘭尼認為，過去的安排把社會、政治、宗教生活視為第一優先，一切都是為了維持社區秩序和家庭繁榮。[7]以盡量累積個人財富為主的經濟活動，其實並不能算是真正的市場。真正的市場，是社會秩序中的**實體空間**，而不是一群追求效用最大化的行為者彼此交易形成的**理論空間**。

5 John Stuart Mill, "Considerations on Representative Government," in *On Liberty and Other Essays*, ed. John Gray (Oxford: Oxford University Press, 2008), 232.

6 Karl Polanyi, *The Great Transformation: The Political Origins of Our Time* (Boston: Beacon, 2001)。最近Brad Gregory在權威著作*The Unintended Reformation: How a Religious Revolution Secularized Society* (Cambridge: Belknap Press of Harvard University Press, 2012)提出了類似的觀點。

7 最值得參照的就是Polanyi, *The Great Transformation*, 45–58.

博蘭尼認為，要這樣重新配置經濟活動，就必須刻意改造地方經濟，許多改造方式都相當暴力。其中最常見的，就是用經濟菁英與政府的作為，來瓦解取代原有的社群活動與經濟習慣。要讓人「個體化」，不僅要讓市場擺脫社會與宗教的習慣，還得讓人們相信自己的勞動與產品完全只是價格機制之下的商品，讓人以全新的效益主義和個人主義角度，同時看待人類與大自然。而且在市場自由主義下，人們必須把自己與自然資源這些「虛構商品」（fictitious commodities）都當成工業化過程的原料，藉此將市場與道德分離，並把自己「重新訓練」為獨立於自然、獨立於其他人的個體。博蘭尼說這樣的鉅變，帶來了「精心設計的自由放任」。[8]

這種事情在現代政治經濟史上不斷發生：消滅中世紀行會、圈地運動、國家鎮壓「盧德主義者」（Luddites，編按：反對以機器取代人力的人）、國家支持雇主而非勞工組織、政府利用機械工業化的農業取代原本的農地。這樣的鉅變，也以更複雜的機制促成了美國內戰，儘管成功地廢除了不正義的奴隸制，卻也讓美國從此進入政府支持的全國性經濟體系，並使反對變革者背負南方蓄奴者的永恆烙印。[9]它在當代的版本，則是自由貿易協議不斷擴大全球市場。這種鉅變在那些自稱保守派的熱烈支持下，破壞並取代了各地原本的文化，一方面衝擊了柏克式保守主義者（Burkean conservatives）在意的傳統，一方面助長馬克思主義批評家最討厭的全球化。[10]近年來，聯邦政府不斷推翻各州制定的環保標準，以愈來愈強的力量推動全國性市場。更好笑的是，最支持這種行為的，竟然是死忠捍衛「州權」的「保守」共和黨人。[11]

無論是現代社會出現之初，還是如今的各種頭條新聞，古典自由主義的信徒與子孫，也就是如今所謂的「保守派」，都一邊嘴巴高喊著維護「傳統價值」，一邊讓他們的領袖推動現代世界最重要的個人主義推手：全球「自由市場」。這個「自由市

---

8 *The Great Transformation*, 147.

9 美國南方的作家最常控訴工業主義，但也經常因為擁護不正義的經濟秩序而被無視。例如 The Twelve Southerners, *I'll Take My Stand: The South and the Agrarian Tradition* (New York: Harper, 1930)。Wendell Berry 則在 *The Hidden Wound* (Boston: Houghton Mifflin, 1970) 中回應了這種控訴。

10 E. F. Schumacher, *Small Is Beautiful: Economics as if People Mattered* (New York: Harper and Row, 1975); Stephen Marglin, *The Dismal Science: How Thinking Like an Economist Undermines Community* (Cambridge: Harvard University Press, 2008).

11 John M. Broder and Felicity Barringer, "The E.P.A. Says 17 States Can't Set Emission Rules," *New York Times*, December 20, 2007, http://www.nytimes.com/2007/12/20/washington/20epa.html?_r=0.

場」就跟所有的市場一樣，都打著「自由放任」的名義，不斷要求國家輸入能量、進行干預、給予支持。它之所以受到古典自由主義者的喜好，只是因為它能夠融解傳統的人際關係、文化規範、世代互惠，融解重視人際紐帶與慈善仁愛的傳統經濟活動。自由主義一方面聲稱每個人「生而自由」，一方面卻用一個不斷膨脹的國家來實現這樣的理想。在這樣的發展下，個人的自由並沒有和國家的擴張平行並進，反而是國家巨獸庇佑之下的產物。

進步自由主義的哲學起源與現實意義

在古典自由主義釋放政治、社會、經濟活力之後，大部分人也開始發現它低估了人類變革的能力。例如杜威在《新舊個人主義》（*Individualism, Old and New*）中讚揚「舊的」自由主義，因為它「消解了」封建時代的「靜態不變的財產」；並且使政治與經濟制度「更為脣齒相依」，兩者都更為全國性，使各地習慣不再限制人們的社會生活。但就像弗雷德里克・特納（Frederick Jackson Turner）認為美國西部拓荒時代已經結束一樣，杜威也認為美國人那種自力更生的個人主義，只是一種「不切實際的浪漫」。他提醒大家回到現實，接受每個人如今都是「整個社會」的一分子，無法脫離社會而生。[12]

不過雖然「舊個人主義」當時已經完全摧毀了過去的貴族社會和傑佛遜式的平均地權，但個人與社會卻尚未找到接下來的「有機」和解之道。所以杜威認為應該利用「過去自由主義」打下的江山，創造一個新的自由主義來取代，而像他這種哲學與社會學底蘊深厚的思想家，當時就應該挺身而出，點燃人類自我變革的下一盞明燈。

賀柏・克羅利（Herbert Croly）也看到了同樣的趨勢，尤其是商業、文化、身分認同體系都從地方轉向全國。但雖然有這些彼此脣齒相依的全國性體系，當時美國對個人獨立的看法卻依然停留在傑佛遜時代。因此克羅利呼籲建立「新共和」（New Republic），並創辦了一份同名的雜誌，希望能「以漢彌爾頓的方法實現傑佛遜的理想」，讓民主不再只是每個人自力更生，完全依照自己的意願來行動，而是融入一套

12 John Dewey, *Individualism, Old and New* (Prometheus, 1999), 37, 39.

社會甚至宗教承諾，了解「每個人都是彼此的兄弟」。在那之前，美國都受制於舊有的個人自決觀念，看不見人們正愈來愈依賴彼此，不知道這樣的互賴互存「能夠將個人與生活方式逐步推向更高的層次」。[13]沃爾特．勞申布施（Walter Rauschenbusch）也以類似的觀念，呼籲在地上建立「上帝之國」，建立一種更重視社會的民主形式，藉此「讓人類不再受制於既有的天性，而能與日俱善」。勞申布施反對利己的個人主義，認為這種心態可能來自傳統基督教神學強調的個人救贖。他跟杜威、克羅利一樣，都認為「圓滿的」民主必須將「人性修至完美」。[14]

雖然上面這些思想家實際提出的建議，可能會讓人想起集體經濟，例如杜威呼籲「公眾的社會主義」（public socialism），克羅利甚至「公然支持社會主義」（support of "flagrant socialism"）；但他們並不認為個人的權利與尊嚴可以侵犯。兩人在著作中都不斷主張，必須消除個人主義和「舊自由主義」的陰影，才能讓人真正成為「獨立自主的個體」。只有完全斬斷所有鎖鏈，尤其是免於經濟條件惡化與不平等的恐懼，人們才能真正獨立自主。他們認為完美的民主，勢必要讓我們的社會天性與個體自主彼此交融，使一為全，全為一。杜威表示「只有等到舊有的經濟與政治個人主義消失，人們才會逐漸找回真正的獨立自主，才會解放所有的想像和動力，為整體社會的每個成員打造出自由的文化。」

雖然在舊的自由主義完全消失之前，我們大概無法了解個人的「獨立自主」到底怎麼跟「整體社會」如何和諧交融，但這些進步自由主義的核心思想依然告訴我們，必須超越古典自由主義的舊框架，才能找到真正的自由主義。當然，這樣的未來究竟代表自由主義陣營徹底分裂，還是自由主義的願景成功實現，目前仍無定論。

進步主義以國家「創造」個人的例子，近年來最經典的就是二〇一二年歐巴馬總統競選連任時推出的「茱莉亞」（Julia）。這位女性和雪兒（Cher）與瑪丹娜（Madonna）一樣，對公眾而言只是一個名字。在歐巴馬開始競選時，「茱莉亞」一度出現在網路的簡報上，顯示她在政府一系列計畫的幫助下實現夢想，陸續締造各種成就。「茱莉亞的一生」（Life of Julia）是為了對抗共和黨的「對女性宣戰」（war on

---

13 Herbert Croly, *The Promise of American Life* (Cambridge: Harvard University Press, 1965), 280.

14 Walter Rauschenbusch, *Theology for the Social Gospel* (Louisville, KY: Westminster John Knox Press, 1997).

women）策略，目的是讓女性選民相信，只有讓進步自由主義繼續當政，政府才能繼續用各種計畫改善她們的生活。[15]

雖然「茱莉亞的一生」的目標受眾，是那些支持政府用各種方案改善經濟機會、使社會更加平等的自由派選民；但這種理想之所以能夠獲得左派認同，卻是基於保守自由主義。雖然廣告中不斷強調的各項政府援助，可能會讓右派看不出政府的作為其實是在協助保守派最重視的個人獨立自主；但左派也顯然沒有發現，政府的援助都是為了創造一個，自霍布斯與洛克想像出「自然狀態」以來，最能獨立自主決定所有事務的個人。在茱莉亞的世界裡，只有政府和她本人，其中一張簡報一度出現孩子（沒有提及父親是誰），卻很快就被政府經營的黃色校車接去上學，之後再也沒有出現。除此之外，茱莉亞始終孑然一身，一切支援都來自一個無所不在、無微不至、有時候會出手介入生活的龐大政府。「茱莉亞的人生」其實就是霍布斯《利維坦》的升級版，每個人都直接面對主權國家，個人創造國家並賦予統治正當性，國家保障個人安全穩定的生活。兩者最大的差別是，《利維坦》只是一個思想實驗，「茱莉亞的人生」卻是當下的狀況。而且這則廣告進一步顯示，現實世界的個人似乎並不會像霍布斯想像的那樣創造出國家，反而是自由主義讓國家創造出個人。利維坦愈是龐大、愈是無孔不入，我們就愈能擺脫彼此的束縛。

所以左右派永無止境的激烈對立，其實是兩種派別的自由主義在爭論實行手段而已，兩者都想要讓個人掙脫習俗的限制、掙脫與生俱來的傳統、掙脫各種既有關係。無論左右兩派，都希望個人獲得更大的解放，可以在更多不同的地方追求自己喜歡的生活方式，而且這樣的自主解放也勢必需要國家的擴張。雖然「保守」自由主義者對國家擴張極為感冒，但他們只要看到地方自治或傳統規範限制了國內外市場的發展，就會叫政府進一步出手守護自由交易。[16]「進步」自由主義者也一樣，雖然他們相信只有國家不斷擴張才能真正保障個人自由，但只要碰到「禮儀風俗」問題就會要求政

15「茱莉亞的人生」廣告已經從歐巴馬競選團隊網站 https://www.barackobama.com/life-of-julia/ 移除。如今搜尋「茱莉亞的人生」幾乎都只會搜到各種惡搞與批評。但關於廣告的報導還是查得到，也能由此窺知廣告當時如何進行，例如 http://www.newyorker.com/news/daily-comment/oh-julia-from-birth-to-death-left-and-right.

16 Marglin, *The Dismal Science*.

府收手讓個別的「買賣雙方」自己決定，尤其是性行為、無限流動的性別認同、家庭的定義，以及個人是否能夠決定結束自己的生命。現代的自由主義國家愈是擴張，我們就愈把自己當成「消費者」（如今這個詞已經比「公民」更常見了）。而左右兩派永無止境的互鬥演出，也讓許多人開始發現，雙方也許真的沒有那麼不同。

創造個人

自由主義從理論到實踐，都強調讓國家來保障個人自由。在這種方法下，個人愈是獲得解放，就愈是脫離社會，愈是需要國家來打造，於是自由主義就進入了無盡的自我強化。從自由主義的角度看，這是一種良性循環；但從人類發展的角度看，卻是自由主義最深的病灶之一。

上一代哲學家和社會學家發現，這種思維讓人們與社會愈來愈脫節，身分認同愈來愈仰賴國家。鄂蘭（Hannah Arendt）的《極權主義的起源》（*The Origins of Totalitarianism*）、佛洛姆（Erich Fromm）的《逃避自由》（*Escape from Freedom*）、尼斯比（Robert Nisbet）《追尋共同體》（*The Quest for Community*）這些經典，各自以不同的角度與學術領域指出，人們的孤立與寂寞帶來了現代極權主義。地方社群與集會失去力量之後，人們為了填補心中的空洞，便很容易瘋狂認同一個遙遠而抽象的國家。在納粹垮台、共產崛起之後的幾年內，這類分析曾經盛極一時，但之後便逐漸衰落。看來當代的思想家並不認為這種說法找到了自由主義的問題[17]，但它描述的是基本的政治心理學，似乎沒有任何證據顯示目前與過去不同。

所以尼斯比的說法依然值得一看。他在一九五三年的《追尋共同體》分析現代意

17 Hannah Arendt, *Origins of Totalitarianism* (New York: Harcourt, Brace, 1951); Erich Fromm, *Escape from Freedom* (New York: Farrar and Rinehart, 1941); Robert A. Nisbet, *The Quest for Community: A Study in the Ethics of Order and Freedom* (Wilmington, DE: ISI, 2010)。《追尋共同體》的出版歷程是個很棒的寓言。這本書一九五三年在牛津大學出版，直到一九六〇年代末才停止印刷，但卻在新左派（New Left）中流行起來。之後該書一度絕版，直到二〇一〇年才由保守的個人主義院際聯合會（ISI Books）再版，並邀請《紐約時報》的保守派專欄作家羅斯．多塞特（Ross Douthat）寫新版序。尼斯比的觀點一直擺盪於新左派與社會保守派（social conservatives）之間，找不到真正的政治歸宿。但作品卻一直有人閱讀，表示即使在法西斯與共產主義先後倒台之後，他的分析依然適用。參見E. J. Dionne, *Why Americans Hate Politics* (New York: Simon and Schuster, 1992), 36.

識形態如何興起，認為傳統社群與制度的瓦解，讓「追尋共同體」的基本需求無法滿足，原子化的個人需要依歸，於是大力轉向了國家主義。人類天生就是政治動物與社會動物，需要各種強大的紐帶，才能順利活成完整的人。個人一旦失去了核心家庭和親戚的深層關係，失去了地方、社群、區域、宗教、文化上的支持，甚至一旦把這些連結當成妨礙他自主生活的限制，他的歸屬感和認同，就只能連到地面上唯一正當的組織：國家。尼斯比認為，在小型連結與社群被自由主義削弱之後，法西斯與共產主義本來就會興起。這類意識形態用各種意象與聯想，提供一種新形態的歸宿，讓國家成為一種教會，每個國民都是信徒。它讓無數同胞形成單一「共同體」，效忠於抽象的政治實體，藉此緩解所有的孤獨、寂寞、疏離。只要我們一心一意忠於國家，捨棄個人與國家間的所有中介團體，國家就會滿足我們的所有欲望與需求。當然，要滿足廣大人民的需求，中央政府就必須擁有更大的權力。所以尼斯比說：「在經濟與道德都歷經了一百五十年的個人主義之後，二十世紀的人不可能理解為什麼政治權力會朝相反方向大規模集中。但如果回頭梳理整個十九世紀，看個人主義與國家權力如何亦步亦趨共同擴張，看兩者之間的中介組織如何被削弱，政治權力的集中就變得可想而知。」[18]

而且在自由主義下，個人心理不僅失去寄託，現實中需要一個效忠的對象。個人主義的擴張，使人們失去了中介體制的龐大支撐網絡，無法求助於傳統的支援場所。國家中的每個人愈是彼此分離，動盪時刻愈容易出現大批求助浪潮。托克維爾在更早之前也有類似的觀點，他認為個人主義不是國家主義的替代品，而是國家主義的成因。當代無論保守派或進步派，很多人都認為中央政府日益集權的問題，可以用個人主義來解決。但托克維爾在《民主在美國》中指出，政府的權力集中正是來自個人主義：

> 所以現在出現了兩個條件……每個人都沒有義務把權力交給他人支配；每個人也都沒有權利求取其他同胞的實質支援。每個人雖然獨立，卻都軟弱。這兩種雖然彼此相關，卻不能混為一談的條件，使民主國家的公民產生極為矛盾的直

18 Nisbet, *The Quest for Community*, 145.

覺。他雖然為自己的獨立極為自信自豪，但需要外部協助時，卻無法獲得任何同伴的支援，因為每個人都同樣軟弱無力、同樣冷淡無情。於是他在一籌莫展之中，便自然望向那唯一矗立於無數草民之間，監看一切的巨大國家。他的需求甚至歸屬感，都使他不斷想到這個實體，最後便將這個實體，視為脆弱的自己唯一能夠依賴的守護。[19]

從自由主義的哲學與實作中誕生的個人主義，不但沒有從根本對抗國家的日益集權，反而仰賴了這樣的政府，使其權力更加壯大。個人主義與國家主義的強力聯盟，幾乎已經摧毀了自由主義出現之前的社群，那些社群的思想與做法都與個人主義、國家主義大異其趣，經常也違反自由主義。當下的古典自由主義者和進步自由主義者，依然為了推動他們眼中的美好未來而互鬥；依然爭論著要讓每個人完全不受拘束，自己決定所有事情，還是要建立一個人人平等的全球「共同體」。但兩派目標完全相同，只有手段上的差異，兩派各自左右夾擊，摧毀了他們共同鄙視的古典文化與美德教育。

自由主義的散播來自一個不斷強化的惡性循環：國家的力量增強，更能保障人們分崩離析之後的正常生活，於是社會原本的規範、習俗、信仰逐漸消失，留下的真空地帶就更需要國家來補足。所以自由主義勢必擴張法律與行政的權力，這樣才能在各種不自由的組織消失之後，繼續維持學校、醫療、慈善這類重要機能；但如此一來，人們也就不再相信流傳已久的共同命運。當各種行政命令、政策、法律授權，取代了人們之間的非正式關係，削弱了自發性的公民參與，就必須不斷擴大國家機器，藉此維繫社會正常合作。當人們不再遵守社會規範，就得設法集中監督不當行為，使警察變得隨處可見，以嚴刑峻法維持秩序。但如此一來，公民也就不再信任彼此，不再共同承擔義務。

人們經常沒有發現，古典自由主義者爭取的個人主義，和進步自由主義者推動的國家主義，其實一直在彼此增強。雖然保守派說他們不僅捍衛自由市場，也捍衛傳統家庭價值和聯邦制度，但他們近來唯一能夠持續實施的政見，一直只有經濟上的自由

19 Alexis de Tocqueville, *Democracy in America*, trans. George Lawrence (New York: Harper and Row, 1969), 672.

放任，例如放鬆管制、全球化、維護巨大的經濟不平等。進步派也一樣，雖然他們說自己要讓全國人民了解自己在同一艘船上脣齒相依，降低經濟的自由放任、縮小收入不平等，但唯一成功的政見卻只有個人自主，尤其是性自主。這真的是巧合嗎？為什麼左右兩派會一邊說自己正在與對方殊死纏鬥，一邊卻讓每個人的決定愈來愈自主、社會的不平等愈來愈嚴重？

第三章

自由主義是一種反文化

國家擴張之所以會和個人自主同時發生，跟文化的削弱與消失很有關係。如今稱之為「文化」的東西，並不是某種自由主義的文化，而是無所不在、包羅一切的**反文化**。過去各地特有的長幼傳承、文化習俗、文化儀式都紛紛消逝，而所謂的「流行文化」、「媒體文化」、「多元文化」，往往只是用「文化」這個形容詞，去修飾這樣的狀態而已。正如巴爾加斯・尤薩（Mario Vargas Llosa）所言：「雖然沒人敢明說，但文化的涵蓋範圍如今已經擴大到完全消失的程度。文化變成了一種無法捉摸、應有盡有、千奇百怪的幽靈。」[1] 如今我們唯一留存的「禮拜儀式」，只剩下自由主義國家與自由市場舉辦的祭典。國定假日變成購物聖日，「黑色星期五」這種大折價日子成了全國節慶。這表示我們已經脫離了所有特定團體、特定宗教信仰，改為相信二〇一二年民主黨全國代表大會撥放的影片：「我們唯一隸屬的東西」，也就是自由主義國家。但我們當然不只隸屬於國家，因為**所有人**都隸屬於全球市場，它包含了所有政治組織，包含了如今改稱為消費者的各國公民。國家與市場的宗教儀式現在難解難分，並在超級盃（Super Bowl）賽事中臻至高潮，每個人為當地的隊伍喝采，並購買廣告商品，用面目模糊的自我認同，來證明自己與別人同樣屬於某個抽象的群體。而這種民族政治與全球經濟的舞台，經常會以中場休息的形式，讓每個人強制愛國兩分鐘，它會讓一群軍人走到賽場中央，接受熱烈的掌聲歡呼，然後大家繼續低下頭瘋狂購物。觀眾以這種淺薄的方式，對幾乎沒有直接關係的軍隊表達感謝之後，便不再思考那個更真實的問題：我國的軍隊真的能夠維護全球市場的安全，讓每個人與世無爭地繼續消費、維持一個抽象的自我嗎？

自由主義反文化的三大支柱

自由主義的反文化仰賴三大支柱：第一、對自然的全面征服，在人類完全消失之前，自然永遠無法恢復。第二、一種全新的時間觀，一切過去都沒有延續到現在，一切未來都完全陌生。第三、所有的場所都沒有固定意義，每個地點都能彼此替代。自

---

1 Mario Vargas Llosa, *Notes on the Death of Culture: Essays on Spectacle and Society* (New York: Farrar, Straus and Giroux, 2015), 58.

然、時間、地點是人類經驗的三大基石，但自由主義的成功卻來自將它們連根拔起，分別換成相同名稱的偽物。

自由主義的成功大抵分屬兩種形式。它以正式的法律制度取代社會的習俗，將約定俗成的非正式規範視為一種壓迫；它也同時製造出一個遍及四海的同質性市場，殖民並摧毀基於歷史與經驗的當地文化，把世界各地的社會變成了規格相同的農產品。這兩種形式都是反文化，它讓我們脫離彼此、脫離與其他人密不可分的關係，用冷冰冰的抽象法律取代習俗，讓我們忘記了對彼此的責任與義務，並以無所不在的法律規定和一體適用的金融合約，來取代原本人生在世需要背負的各種重擔。自由主義為了確保個人的完全自主，而摧毀了真實的文化，用法律和市場的反文化取代了一切。

這種反文化給了我們自由行動的舞台，但如今也愈來愈多人發現它束縛了我們，甚至威脅到我們的存亡。自由主義在讓我們從傳統與習俗的羅盤中解放出來之後，同時帶來了陶醉的喜悅與痛苦的焦慮，使得它在逐漸成功之時，也日益衰竭。矛盾的是，現在愈來愈多人發現自己被解放之手所奴役，那些無所不在的法律監控，以及在科技掌握下殘存無幾的大自然，已經讓世界變成了牢籠。自由主義的帝國愈是壯大，真實的自由愈是遙遠。原本應該解放我們的自由主義，現在以反文化的形式加速了自己的成功與敗亡。

反文化與征服自然

自由主義其中一項重大創見，超越了狹窄的政治領域，那就是自然與文化的分離。自由主義的基本前提，就是自然狀態是一種缺乏文化的狀態，文化出現之後就帶來各種發明與習俗，在順應自然的同時也改變自然。在最早的著作中，自由主義陣營的人類學觀點假設「自然人」是一種活在「自然狀態」中的生物，毫無文化，沒有發明任何東西。霍布斯在自由主義出現之前就有這種看法，他認為自然狀態不可能有任何文化，因為它既不穩定又不連續，思想無法繼承、記憶無法延續。盧梭認為自然狀態相當和平穩定，但也跟霍布斯一樣認為不可能有文化存在，而且當時的每個人類都完全自主獨立。雖然浪漫的盧梭，並不像霍布斯那樣認為人性冷酷、理性而功利，但他對自然狀態的看法依然和所有自由主義一樣，都相信自然和文化是兩個不同的東西。

如今我們經常提到「先天」與「後天」的差異，但在自由主義之前的人根本無法理解這兩者怎麼可能分離。光是從「文化」這個詞的意思，就看得出自由主義的影響有多大。看看「農業」（agriculture）、「培育」（cultivate）這類詞彙的拼法，就知道「文化」（culture）原本的意思與自然形式和過程密不可分。動植物都需要用心培育才能長得最大，人類也需要文化的浸淫才能發揮潛能。古代思想家都將這種觀念視為理所當然，所以柏拉圖《理想國》前幾章都沒有討論政體形式，而是討論兒童應該閱讀怎樣的故事。亞里斯多德在《政治學》導言的結尾講了一個有趣的暗示，說第一位立法者最偉大的地方，就是開始管理「食物與性」，因為飲食男女，乃人之大欲，最需要文明的教化。我們需要適度進食並保持進餐禮儀，也需要方便辨識的求偶方式、兩性以禮相待、並將性欲這種容易引發衝突的火藥，好好地盛裝在婚姻這種「容器」之中。亞里斯多德認為，那些食欲與性欲「未經教化」的人最為邪惡，會犧牲別人的利益來滿足自己野蠻的基本欲望。在自由主義之前，習俗和禮儀並不是束縛人性的枷鎖，而是基於人性需求，發展出的人性管理方式，使人們能夠成為更好的自己。

自由主義的核心願景之一，就是把這些欲望從人造的文化包袱中解放出來。它希望我們能夠完全不受拘束地追求這些欲望，或者在需要約束的時候，能夠免於詭譎難測、反覆無常、規範各自不同的文化箝制，改用統一的法律來管理。自由主義雖然聲稱主要是為了約束限制政府，但它最早的開拓者都樂於承認一個強大的、甚至往往基於「君主特權」獨斷行事的政府，是保障自由與維持穩定的必要條件。自由主義信徒從一開始就知道，表達欲望與追求欲望的文化限制，會讓我們無法利用舊日的惡習（例如貪婪）來創造經濟活力，社會若要更強大，可能就得讓國家出手拆除這類箝制欲望的文化枷鎖。[2]如今在經濟成功發展之後，雖然自由主義國家愈來愈著重於討論是否要以自由平等之名，拆除那些僅剩的消費或性欲規範；但整體的重點，依然放在讓人人共享的自由條件，取代文化原本的地位。在自由主義國家中，只有國家認可的規範才能接受。也就是說，只有以人民共識建立的國家權威，才能夠正當約束個人的自由。

2 Polanyi, *The Great Transformation*. See also William T. Cavanaugh, "'Killing for the Telephone Company': Why the Nation-State Is Not the Keeper of the Common Good," in *Migrations of the Holy: God, State, and the Political Meaning of the Church* (Grand Rapids, MI: Eerdmans, 2011).

這樣的解放不僅需要國家機器不斷壯大，也需要用各種方式征服整個自然。他認為要讓個人完全自主，文化在概念上就不該存在，現實中也必須消滅。但所謂的文化，其實是人類在負責任地與自然互動時累積的「習慣」，是一種承認自然的極限，在這樣的邊界中利用人類的巧思與發明，好好生活的方法。

健康的文化就像健康的農業，農業雖然是人為的，卻考量到地方與時間的要求，根據當地條件讓作物永續生產。它把自然當成夥伴，而不是當成實現欲望的絆腳石。現代的工業化農業則是自由主義的產物，用各種短期方案突破當下的自然限制，把代價扔給子孫。各種化學肥料提高了作物產量，卻讓湖泊與海洋出現大量缺氧區；可以忍耐除草劑與殺蟲劑的基改作物，帶有無法控制預測的基因序列；作物的單一品種要求，消滅了各地特有的品種；養牛濫用抗生素帶來抗藥性的超級細菌，使人類無法用相同的抗生素來治病。這些工業化的做法忽略了各地不同的風土條件與需求，完全消滅了農業賴以維生的既有耕種文化。乍看之下非常先進，實際上卻只顧當下，而且毫無土地連結。

文化的發展，主要都是為了處理大自然的極限、餽贈與需求。這些條件不是任何

「理論」，而是活生生的現實，在消失之前往往很難描述。[3]自由主義一直想把文化和自然分開，因此一旦解放了人類，人類就不再相信自然有其極限，並且認為文化只是一些相對的標準與習慣，背後沒有任何普遍持久的東西。自培根以降，人們就開始想要控制自然，藉此擺脫一個個原有的限制；但這不但傷害了自然，也同時傷害了與自然共同發展出來的文化規範。

杜威這位自由主義的偉大旗手，就曾明白說過若要掌控自然，必得掙脫文化的限

3 兼職政治學家、全職佛蒙特州人查爾斯·費雪（Charles Fish）以優美的方式，描述過去農業祖先的生活：「對奶奶和叔叔們來說，上帝之手與自然的造化，並存於神性與機械法則之間。如果有人問他們這兩者有何關聯，或者宣稱這兩者毫無關係，他們會覺得不太舒服。他們遇到壞天氣或疾病的時候，會說這是自然的力量而非上帝的影響，而且並不把自然當成邪惡的存在。當他們拆解事物原本的連結形式，從中萃取需要的資源時，他們覺得自己是一邊在跟自然合作，一邊和自然對抗，覺得自己是在運用著大自然生生不息的力量。如果有人說要駕馭自然，他們不會反駁，但內心深處知道自己永遠做不到，最多只能在很小的範圍內改變。他們和自然共同孕育許多美好，但如果要讓大自然永遠落入他們的宰制，他們會說那不僅褻瀆，更是邪惡的驕縱輕狂。他們看看身邊，就知道自己不是萬物的主宰……他們在工作中盡量付出努力與巧思，同時也知道整個宇宙是無盡的神祕，既無法影響也無法預測。」Charles Fish, *In Good Hands: The Keeping of a Family Farm* (New York: Farrar, Straus and Giroux, 1995), 102–3.

制。他相信我們必須主動掌控自然，才能推動解放，落後的傳統信仰與文化只會讓我們自我設限，因此必須淘汰。杜威認為，人類與自然相處的方式可以分為「文明」與「野蠻」兩類，野蠻部落活在荒野之中，必須適應環境的自然限制，「必須接受、默認、忍耐，盡可能逆來順受、以退為進，盡量避免主動出擊。」至於「文明人」則會一邊適應荒野，一邊「開始灌溉，四處尋找適合種植豢養的動植物，並精心培育出最佳的品種，最後讓荒野像玫瑰一般綻放。野蠻人只會隨波逐流，文明人總是會改變環境。」[4]

杜威認為自己的思想，來自他心目中史上最重要的思想家：培根。他在《哲學之改造》中提到培根的教導，「科學定律沒有寫在事物的表面。大自然把它們藏了起來，必須主動仔細地研究才能發現。」科學家「必須把自然現象刻意轉換成不同的形式，才能逼它吐露真相。原理就像對證人嚴刑逼供一樣。」[5]當代的自由主義者大概會對這種赤裸裸的說法退避三舍，但做法大同小異。杜威想要藉由消滅文化來主宰自然，當代自由主義者則相信人類與自然彼此獨立，而且人類總有一天能夠征服一切（「保守派」想要用科技控制自然，「進步派」想要用生殖科技與遺傳學解放人體，但原理都是一樣的）。自由主義的核心之一就是對文化的惡感，因為文化定義了人的面貌、限制了人的發展。

自由主義欠缺時間感

自由主義不僅推動一種政府體系或法律政治秩序，更重新定義了人類對時間的看法。它試圖改變我們的時間觀，改變我們與過去、現在、未來的關係。

社會契約論不僅將個人抽離具體的人際關係與地點，也讓個人脫離了時間。它描述的是一種沒有歷史的永恆，一種任何時間都適用的思想實驗。最明顯的證據，就是它看起來與所有事物都有關，例如霍布斯描述自然狀態時就說，我們每天都會鎖上家門和箱子，這證明了我們天生就不信任彼此。這種乍看之下的普世性，讓我們忘記更

4 John Dewey, *Reconstruction in Philosophy* (1920; New York: New American Library, 1950), 46.

5 同上，頁48。

深層的意義。自由主義預設每個人都只活在當下，它沒有讓我們從歷史上真正簽訂過的契約，去思考「社會契約」的面貌；反而讓我們時時相信自己打從出生開始，就能自主做出每項決定，就能在每天遇到的各種契約中選擇對自己有利的選項。但自由主義假設的人類生存形式，與自由社會出現之前的大部分「自然」狀態完全相反。歷史的教訓如今之所以沒那麼有用，是因為自由主義政治秩序成為了主流，無所不在的當下主導了世界。我們之所以不那麼需要歷史，是因為自由主義拆解了文化，使人類不再有容器去裝載時間。

自由主義之所以會培養出進步派，只是上述無視歷史的世界觀不斷發展，不斷攻擊各種事物的結果。進步主義跟古典自由主義一樣，都非常討厭傳統與習俗。雖然人們往往以為進步派望向未來，但其實它預設的是當下，它認為過去的做法如今已經不適用，我們現在找到的方案也會被未來的人棄如敝屣。在它的眼中，未來是不可知的國度，我們必須一邊掙脫過去的束縛而活在當下，一邊放心接受美好的未來注定超出我們的想像。接受這種時間觀的人暗自明白，自己的「成就」終將丟進歷史的垃圾箱，所有的功業都有一天會成為過時的阻礙。因此，每個世代都必須自力更生。自由主義讓人類變成了蜉蝣，朝生暮死不計千日之功，所以人們當然不斷剝削自然、債留子孫，反正無論資源如何枯竭，未來的人都找得到解決方法。

如今我們用兩個詞彙來描述這種觀念轉變：自由主義之前的時間觀是循環的，現代的時間觀是線性的。這組詞彙雖然很有啟發性，但依然預設過去、現在、未來一脈相連。它沒有抓到自由主義的本質，自由主義的時間觀其實是碎裂的，每個人的時間體驗都不相關，宛如各自活在不同的國家。

托克維爾指出，自由秩序的崛起和碎裂的時間觀很有關係。他發現自由民主的特徵之一就是重視當下。這種制度重視的人人平等，以及對貴族的厭惡，會讓人不信任過去與未來，以貧瘠的方式只顧當下的自己。他說貴族制「用一條長鏈子，把農民到國王的每個人都鎖在一起。民主斬斷了鏈條，解放了每個環節……於是人們在民主下忘記了祖先，對子孫看法變得模糊，也看不見同時代的其他人。每個人都關進自己身體的牢籠，甚至囚入自己孤絕的心。」[6]

6 Tocqueville, *Democracy in America*, 508.

托克維爾認為這種「碎裂的時間觀」孕育出個人主義，自由民主愈是進展，個人主義帶來的社會、政治、經濟代價就會愈為巨大。其中他最擔心的，就是活在自由民主制度的人，不覺得自己是連續時間的一部分，不會認為自己在日常生活做出的每一件小事，長期來說都會影響到全人類。在貴族時代，每個人都了解自己在歷史中扮演什麼位置，但民主為了解放個人而「斬斷」了這種鎖鍊。它讓我們解脫了承先啟後的重擔，卻也使每個人的時間斷裂開來，為政治埋下隱憂。因此托克維爾認為，現代自由民主國家很容易炒短線，無視自己的行動對後代的影響：

> 自由民主的人民，一旦不再思考自己死後世界將如何演變，就很容易掉進人性天生的黑暗面，用野蠻而冷漠的態度對待未來。他們一旦不再需要仰賴遙遠的希望，就會開始追逐眼下的蠅頭小利……因此這時候的人們，很容易為了滿足稍縱即逝的快樂泡影，而放棄持之以恆的努力，再也無法締造任何偉大、安定、持久的東西。[7]

托克維爾認為這種今朝有酒今朝醉，不計千日之功的傾向，是「人性天生的黑暗面」。政治、社會、家庭結構不斷敦促教化，就是為了調節這種本能，約束這種劣根性。自由主義希望把我們從連續的時間中解放出來，所以想拆掉這些體制、結構和習慣，讓每個人都能自由地實現自己。但當這些文化形式消失，我們的記憶與承諾也無處安放，我們獲得自由之後立刻陷入「野蠻和冷漠」的陷阱，只能活在永恆的當下，從此與所有其他時間再無關聯。

托克維爾知道這種「野蠻和冷漠」不僅會影響政治，也會影響經濟。他擔心習俗與結構一旦消失，人們就會回到目光如豆的天性，看不見你我的命運彼此相連。破碎的時間觀，必然將人「囚入自己孤絕的心」，飛黃騰達的人與時運困厄的人從此就分屬不同的身體與心靈。這樣的社會，將塑造出一個新的貴族階級，而且將比過去的貴族更為惡劣。碎裂的時間觀讓人野蠻而冷漠，「過去的貴族認為，自己必須根據法律或習俗的義務，協助領地上的農奴，減輕他們的痛苦。但如今的工業貴族不是，他們

7 同上，頁548。

在殘忍地剝奪其他人的財富，將其推入危機之後，只會將問題扔給慈善組織……許多工人和雇主之間都有連結，但那不是真正的連結。」[8]若我們將破碎的時間觀視為某種自由解放，我們就會忘記自己的義務，忘記有多少人與我們共享同一個過去、同一個未來，甚至同一個現在。

另一種比較合理的觀點，是把文化當成一種集體信任。文化是一種銘刻時間的語言，一種揉合過去、現在、未來的制度。希臘人說得好，文化的母親是寧默辛妮（Mnemosyne），九位謬思中的記憶之神。文化讓我們知道自己的世代背負哪些重量與義務。文化獲得最大力量的時候，無形的過去就會凝結為當下有形的現實，讓我們每個人都盡力守護。文化本身就是一種全方位的教育，用各種角度將我們拉出短暫人生的夢幻泡影，讓我們遠離黑暗的天性，不再忘恩負義、潦草塞責。藝術、文學、建築、歷史、法律、宗教……每一種文化都在保存人類的遺產，給我們更悠遠的視野，讓每個當下都承載過去，展望未來。

自由主義的失根漂萍

自由主義厭惡土地連結。它那「自然狀態」就是一種沒有出發點的觀點，來自抽象的個體，以及同樣抽象的地方。自由主義不僅來自人類學，假設人類沒有特定的出生地，彷彿霍布斯說的那樣「像蘑菇從大地上長出，不對彼此擔負任何義務」，更預設每個人都來自虛無。[9]對自由主義而言，每個人出生與成長的地方，每個人的父母、宗教、風俗，都是無理加諸的束縛。我們應該先成為個體，然後才自由選擇任何地方、選擇任何人際關係、任何體制、任何信仰。

這當然不是說那些深植於文化環境的人，都不會去找尋新的牧野。而是說自由主義預設了一套極為漂萍、毫無場所的「預設狀態」，並依其理論重塑了世界。傑佛遜在起草美國《獨立宣言》之前那份充滿洛克味道的草稿，就說自由人最基本的權利就

---

8 同上，頁557–58。

9 Thomas Hobbes, *On the Citizen*, ed. and trans. Richard Tuck and Michael Silverthorne (Cambridge: Cambridge University Press, 1998), 102.

是離開自己的出生地。[10]在自由主義眼中，我們一出生便沒有了家鄉。

自由主義這種預設的漂萍狀態，巧妙地在陰影中摧毀了所有文化，讓個人成為一種不負責任的反文化生物。在這部分，肯塔基州的農民、小說家、詩人兼作家溫德爾・貝里說得最好，他堅定捍衛地方社群，相信社群包含各式各樣的人際關係、以共同的記憶與傳統銘刻了複雜的民風俗例，將人民與地方連結起來，不可搬移、無法帶走、不可替代、不能轉讓。[11]失去地方社群，就失去了紐帶，因為地方社群不只是一群人聚集在一起，為了各自的利益與發展而行動，而是「抱持善意、彼此信任、自我約束、給予寬容、原諒彼此的錯誤。」[12]

貝里坦然承認，地方社群充滿限制與約束。但它的魅力也來自於此。地方社群只要安排得當，就是讓生命潛力開花結果的沃土。生命的繁榮需要文化、紀律、約束、形式，貝里也許下意識地呼應了亞里斯多德，認為社群在最基本的層面上來自健康的家庭生活，並奠定其健康的條件。他說，社群在公共生活拓出空間，讓家庭能夠健康發展。因為家庭生活就是為了約束，就是為了防止個人為了滿足自己的欲望，尤其是性欲，而肆意行事。他認為婚姻、家庭結構、工作與權力分工，以及教育兒童與青少年的責任，都是好的安排。這些安排不僅降低了性的危險性，保守了它的能量、美麗、愉悅，彰顯它的力量使夫妻彼此結合、父母與子女結合、家庭與社區結合、社區與自然結合；也盡可能確保性的繼承者，在成年之後能夠配得上它。[13]

社區維護當地的生活準則與模式，鼓勵人們用當地能夠接受，並且負責的方式建立情愛連結，建立牢固的家庭紐帶與承諾，成為社區的磐石，文化傳統的柱墩。所以社區對「擁有權利」的說法嗤之以鼻，例如貝里就堅持維繫正直的禮法，以防道德敗

10 Thomas Jefferson, *A Summary View of the Rights of British America. Set Forth in Some Resolutions Intended for the Inspection of the Present Delegates of the People of Virginia. Now in Convention. By a Native, and Member of the House of Burgesses.* (Williamsburg: Clementina Rind, 1774).

11 理解貝里最好的方式，不是閱讀他的散文，而是他的小說。貝里用虛構的威廉港（Port William），描繪出一個理想但不完美的公共環境，居民與地方和土地緊緊相連。貝里這樣描述他的作品：「在虛構這個城鎮的過程中……我確定自己家鄉的風景與鄰里，是上帝獨一無二的傑作，是與生俱來的聖所，能夠抵禦旁人所有的訕笑。」Berry, "Imagination in Place," in *The Way of Ignorance*, 50–51.

12 Wendell Berry, "Sex, Economy, Freedom, and Community," in *Sex, Economy, Freedom, and Community: Eight Essays* (New York: Pantheon, 1994), 120.

13 同上，頁120–21。

壞。他公然主張社區有權決定當地學校可以禁掉哪些書，更堅持學校教導「上帝的話語」，也就是《聖經》。甚至說「私立學校與家庭自學，可能是讓社群生活賴以維繫的最後一根支柱。」[14]家庭是文化習慣與實踐的泉源，培養了我們的智慧、判斷力、當地知識。這些知識讓我們共同成長茁壯，更是我們共同養育下一代的主要工具。

社區始於家庭，但向外延伸使人們得以共好，產生公共財（common good）。貝里認為公共財只能在小規模的地方社群維繫。雖然無法精確劃出界線，但他似乎認為小鎮是公共財的基本單位，而且主要的極限在於經濟而非人際。他並不否認全國各地甚至國際之間能夠共好，但這些單位的尺度太大，公共財過於抽象，注定會犧牲人們真實的食衣住行。若要讓不同地區真正共好，你只能讓每個地區各自繁榮起來，然後一同帶動。相比之下，現代自由主義總是要用最大的尺度規範最小的單位，以同一套標準去要求世上形色各異的不同地方。這種觀念在現在自由社會隨處可見，無論是教育，還是要求各地用相同標準看待性的全國性判決，還是無孔不入的經濟管制之手。[15]現代政治的這種傾向源自人定勝天思維，舉著進步與理性的大旗，迫使具體的社群服從於市場的交換，肆意剝削地方資源，視各種習俗與傳統為人類之敵。

正如貝里所言，現代政治對文化的多樣性欠缺耐心，尤其在文化拒絕現代化，物質進步、經濟成長、個人解放，阻礙流動與效率的現代性奇蹟時，最為不能忍受。[16]貝里強烈批評現代國家與現代經濟推動的同質化。[17]他捍衛「公共」與「傳統」，經

---

14 同上，頁157。

15 為了避免被人批評成是在迎合自由派的「標準」（大部分的批評出現在國內，但國外最近也愈來愈多），美國法律都只列出左派或民主黨違法的部分，例如尼娜・曼德爾森（Nina Mendelson）在二〇〇六年七月五日《紐約時報》文章〈Bullies along the Potomac〉http://www.nytimes.com/2006/07/05/opinion/05mendelson.html 提到的反例。曼德爾森認為共和黨控制的國會不但沒有堅守州權，反而在二〇〇一年開始的五年之內頒布了二十七項法律，「從空汙管制到消費者保護等領域，都使各州不得自己作主」。無論是《全國食品一致性法案》、布希總統著名的《沒有孩子落後法案》、還是當時教育部長瑪格麗特・史佩林斯（Margaret Spellings）轄下高等教育未來委員會（Commission on the Future of Higher Education）對高教的控管方式，都是在訂定全國性的標準。

16 貝里的立場跟歷史學家克里斯多福・拉施（Christopher Lasch）的批評與擔憂有許多共通性。參見拉施作品 *The True and Only Heaven: Progress and Its Critics* (New York: Norton, 1991) and *The Revolt of the Elites and the Betrayal of Democracy* (New York: Norton, 1994).

17 守護地區多樣性的第一步，是守護農業多樣性。這不僅是為了保存友善的農耕畜牧環境，也是為了避免單一災難摧毀全國各地，無論天然的災難還是人為的恐怖主義，都有潛力一次毀滅所有相同規格的農業。參閱貝里"Some Notes for the Kerry Campaign, If Wanted," *The Way of Ignorance*, 18。貝里並不期待對方會聽從他的意見，事實似乎也如貝里所料。

常反對經濟思維與自由進步。他的觀點令人想起維柯（Giambattista Vico），維柯在十七世紀批評笛卡兒與霍布斯的理性主義，重視「共同感受」（sensus communis，即社群的「常識」）。貝里相當在意「共同感受」，認為它是實踐與經驗的精粹，是人們用自己的血肉在當地生活、掙扎、浸淫、反覆驗證之後去蕪存菁的智慧。那些源於抽象權利的規則與做法，在推行時必須審慎考量，尊重各地的「共同感受」。[18]當然，傳統可以改變，但正如柏克（Edmund Burke）所言，改變必須發自內部，必須基於當地社區的理解與同義，畢竟你要改變的傳統是那整群人生長於斯的基礎。因此，貝里給予「共同感受」相當崇高的地位，他認為這是常民用經驗、記憶、傳統來理解世界的方法，也是一種民主意見，不該被自由主義所賤斥。

文化之死，巨獸之生

當代政治最有力的聲音，總是一邊爭論該用國家還是市場來保障個人自由，一邊攜手掏空文化的內臟。自由主義的法律結構與市場體系分進合擊，消滅了文化的多樣性，讓各地臣服於單一的法律與經濟規範之中，成為同質性的反文化。人們脫離了歷史與傳統的束縛，成為政治經濟體系中的小螺絲釘，用過即丟，可以彼此代替。

索忍尼辛（Aleksandr Solzhenitsyn）說得好，自由主義秩序的核心就是消滅規範，其中最重要的觀念就是一切以「法治」為準，掏空所有社會規範與習俗。一九七八年，索忍尼辛在哈佛畢業典禮上發表了頗具爭議的〈分裂的世界〉，批評自由主義者「一切以法律為依歸」的世界觀。他延續霍布斯與洛克的觀點，視法律為現實中的「籬笆」，框限了原本無所限制的自主，管束每個人的天賦自由，是一種可以避免就該盡量避免的負擔。法律沒有終極目標，沒有發展藍圖，沒有「完成」的概念，也脫離了自然法的規範。因此若是萬事只看法律，每個人就都會在不違法的前提下盡量滿足自己的欲望。索忍尼辛指出：

18 貝里在這邊批評的「外力強加邏輯」跟奧克肖特（Michael Oakeshott）很像。參閱"Rationalism in Politics," in *Rationalism in Politics and Other Essays* (New York: Basic, 1962), and *The Politics of Faith and the Politics of Scepticism* (New Haven: Yale University Press, 1996).

事情一旦變成了法律保障的權利，一切限制就都解除了，沒有人會提出其他要求，希望人懂得自制、要求人放棄既有的權利，畢竟為他人犧牲冒險聽起來就像是傻瓜。如今幾乎已經沒有人在意分寸，每個人都盡可能在法律允許的範圍內爭取自己的利益。[19]

索忍尼辛指出了自由主義最大的弱點——它無法讓人學會自治。這段話出現在全美首屈一指的哈佛大學非常合適，因為過去許多建立文化的機構，如今都成了推翻文化的軍火商，名校就是最明顯的例子。自由主義以掙脫舊日束縛為名，在菁英大學與整個教育體系，有計畫地鼓動人們反對各種文化規範與傳統。其中有兩個主題，在當代的反文化教育浪潮中最為重要，那就是性的規範與經濟的規範。自由主義的兩大陣營，也就是「自由派」與「保守派」，各自把其中一種規範當成敵人，另一種當成寄託，但這兩種乍看之下關乎個人自由的規範，其實約束的都是消費、享樂、短視的行為。自由派與保守派的爭鬥，其實剛好反映出自由主義的無孔不入、難以察覺。

大學是性革命的前線，高等教育是勸人改宗易俗邁向解放的推手。正如史蒂芬・加德納（Stephen Gardner）所言，這種全新的教義「要讓愛欲成為現代社會的宗教崇拜……現代人必須在肉體的欲望中確認自己的**個人特性**。欲望必須源於自己的決定，身體必須是欲望的真正**主體**。」[20]這種「自然狀態」想像出來的「主體」，如今在自由主義教育體系中不斷推廣衍生，它雖然聲稱只是尊重每個人與生俱來的自主性，卻不斷鼓勵人「推翻各種束縛」，將其視為常態。

性革命造成的巨大衝擊之一，就是高等教育學生不再遵守各種行之有年的規矩與準則。以前大學宿舍那些生活、約會、宵禁、訪視、禮節規範，是為了「代盡父母責任」（**in loco parentis**），讓成人（通常是神職人員）教導年輕人學會負責的方法。但如今的大學生，在脫離這種老媽子似的管教方式五十年後，並沒有在性方面獲得無上

19 Aleksandr Solzhenitsyn, "A World Split Apart," in *Solzhenitsyn at Harvard*, ed. Ronald Berman (Washington, DC: Ethics and Public Policy Center, 1980), 7.

20 Stephen Gardner, "The Eros and Ambitions of Psychological Man," in Philip Rieff, *The Triumph of the Therapeutic: Uses of Faith after Freud* (Wilmington, DE: ISI, 2006), 244.

喜悅，反而進入了困惑的無政府狀態，而且在「父母消失」（in absentia parentis）之後，竟然落入了家父長式國家（paternalist state）的管理。

長久以來，各地文化與規則藉由規範、禮儀、道德的教化來影響行為，如今卻都被視為是對個人自由的壓迫。人們以解放之名拆除控制，於是在規範與習俗消失之後，到處都有人濫用自由，尤其是性方面的互動。這種時候，聯邦政府成了唯一的救星，人們開始請它重新制定規範。但地方文化已經解體，在防止各種不正義限制的同時，我們也失去了自我管理的能力，剩下唯一的控制手段，就是犯錯之後的懲罰。就這樣，如今大多數機構已經不再培養品格、不再教育美德，而把重點放在一個身體傷害另一個身體之後，該如何進行懲處。

這個悲劇很有霍布斯的味道。首先，我們必須消滅各種專斷無理的傳統與文化，回歸到「自然人」。但失去規範之後的「自然狀態」，卻會陷入混亂的無政府。我們無法忍受這種混亂，於是簽訂「社會契約」，請一個君王保護所有的人，成為人間之神。就這樣，擺脫所有習俗與傳統的我們，不再接受既有社群的任何教誨，轉而塑造一個遙遠的權威，讓他懲罰那些濫用自由的人。但各地的非正式權威都早已被打垮，濫用自由幾乎注定不斷發生，我們只好給予國家更多「特權」，讓它無孔不入地干涉我們。

經濟也有同樣的悲劇。我們以同質性的經濟學「法則」拆除了各地不同的經濟文化，把個人的欲望和群體的共好割離開來，仰賴抽象的市場與遙遠無力的監理機構，訴諸於自由主義國家的法律懲罰。我們消滅各地不同的校風，讓整個世界長成自由放任的叢林，政府根本無力處理，於是「強暴文化」禁之不絕，原本五花八門的地方經濟被唯一的「市場」取代。二〇〇八年全球經濟之所以幾乎崩潰，主要就是因為發放抵押貸款（房貸）的文化規範消失。長久以來，抵押貸款都是地區性的，只能在長期信任的當地人之間進行。過去的法律與規範，認為貸款的正當性來自人際信任與當地知識，因此禁止銀行前往外地開設分行。這些法律與背後的文化，都認為「銀行家的利益與整體社會的利益是一致的」。[21]所以抵押貸款不可能是匿名人士彼此競爭的抽

21 Simone Polillo, "Structuring Financial Elites: Conservative Banking and the Local Sources of Reputation in Italy and the United States, 1850–1914," Ph.D. diss., University of Pennsylvania, 2008, 157. This study was brought to my attention by Matthew Crawford in *Shop Class as Soul Craft: An Inquiry into the Value of Work* (New York: Penguin, 2010).

象市場，而是基於信任、聲譽、記憶、義務的有序帳本。摩根大通（J. P. Morgan）執行長湯瑪斯・拉蒙特（Thomas Lamont）說，一九二八年的銀行家「必須誠實觀察身邊的環境，不斷仔細研究金融、經濟、社會、政治狀況，並以宏觀的角度思考整體。」[22]

但到了二〇〇八年，金融業已經與自然、時間、地方毫無關係。這和大學校園的狀況一樣，事實上大學的宿舍派對與兄弟會，可以說是過去進入債券市場與華爾街之前的理想練習；而如今的抵押貸款也幾乎等於大學生的「約砲」，彼此陌生的人為了欲望、巨額債務、豐厚利息而交易，不管自己的行為如何影響整體環境。這種貸款完全擺脫了過去金融秩序的束縛，無須負擔責任，不用付出代價，買賣雙方都滿意。但也就像大學校園一樣，新的抵押貸款市場導致大量不負責任的濫用，四處摧殘社區，使人無家可歸。而人們遇到這種亂局，又再次要求政府加強監理，懲罰膽大妄為的逐利行為（其實難以落實），大量擴張政府的管控範圍，試圖奪回人類最基本的居住權利。抵押貸款的例子再次證明，從地方文化的束縛限制解放之後，不會獲得完美的自由，只會得到更大的國家巨獸。文化的消亡不會帶來解放，只會帶來無力與束縛。

而且文化的消失，會讓解放的個人失根，讓市場統治一切，讓國家獲得更大權力。人們在追求解放的過程中，要求當權者撤除各種文化規範與習俗，形成各種壓力去消滅長久以來的不成文準則。規範消失之後，人們便試圖在不違反法律、不造成明顯傷害的前提下，追求毫無拘束的隨心所欲。問題是，失去了文化與期待的引導，我們的行為注定彼此衝突。於是我們要求國家做出裁決，使得原本以文化為依歸的地方事務，變得愈來愈法律、愈來愈政治。個人主義想要掙脫文化的束縛，卻使我們無法為自己的自由派自由負責，更引來龐大的國家巨獸。

自由主義的寄生

反文化的證據如今到處都是，人們卻不斷否認。自由主義寄生在失去當地文化與傳統的空間之中，使我們進一步拋棄它們，或者給予它們各種無聊的新定義。我們不

22 Cited in Polillo, "Structuring Financial Elites," 159.

再根據身處的時間地點生產自己的文化；不再跟親戚學音樂、不再和鄰居學藝術、不再從社區活動裡學做菜，轉而消費各種包裝精美、市場認證的量產商品，用商業化的象徵符號，來取代文化的本質。所有的故事都顯示我們愈來愈無法做出自己的東西，無論是馬修・柯勞佛（Matthew Crawford）那本暢銷的《摩托車修理店的未來工作哲學》（*Shop Class as Soulcraft*），還是最近某份報告指出家用鋼琴的銷量與維護量節節下滑，量產的音樂取代了自己親手彈出的音樂。[23]

有一種叫做棕頭牛鸝的鳥，會在二百多種鳥類的巢中產卵，讓對方來養育自己的小孩。這種詭計叫做巢寄生（brood parasite），就是自由主義在做的事。在自由主義下，「文化」這個詞變成了寄生在實際文化上的偽物，而且大眾對此一無所知，把文化當成單數名詞，忘了真正的文化注定具有地方特色，注定是各自不同的複數。如今所謂的「流行文化」，其實是一種經過市場考驗的標準化商品，由企業精心設計給大眾消費。但真正的文化是當地歷史經驗與記憶的積累，不可能像自由主義那樣無視地方特色、捨棄過往記憶、把每一個地方都變得一模一樣。即使「多元文化主義」（multiculturalism）也無法取代真正文化的繁麗，反而是把不同文化的複雜細節，簡化成自由主義的多元，披著可割可棄的本土外衣。光是「多元文化主義」自稱「主義」，就證明了它用自由主義的單一標準，取代了真實文化的錯節盤根。更糟糕的是，在鋪天蓋地的反文化取代的文化之後，「文化」這個詞變成了讓自由的個人掙脫所有文化傳統的手段。當你用相同的方式支持每一種文化，實際上就是在消滅所有文化。你愈是堅持「多元」、堅持「多樣性」，或者用零售業的語言來說，堅持「選擇」，你對真實文化的破壞就愈明顯。如今大多數的人已經成為多元與多樣性的信徒，以相同的方法相同的力道去支持每一種文化，事實上就是對每種文化都漠不關心。

相較之下，無論不同文化之間的差異有多大，都幾乎相信人性延續於自然；都相信每一個現在都乘載了過去，承諾著未來；都相信自己當下的位置是一種聖土，必須認真守護、負責任地保管。自由主義打從一開始就拒絕這些元素，因為無論承認人性延續自然、承認我們接受了過去的饋贈並對未來負有義務、還是認同自己當下的位

23 "No Longer the Heart of the Home, the Piano Industry Quietly Declines," *New York Public Radio*, January 6, 2015, http://www.thetakeaway.org/story/despite- gradual- decline- piano- industry- stays- alive/.

置，都會讓人綁手綁腳，無法自由地打造自己。文化是塑造自我的最大限制，而自由主義的主要願景和強大成就之一，就是讓人擺脫自然的枷鎖、擺脫記憶的縈繞、擺脫未來的重擔讓我們不用為了未來世代的熱愛與生活而去維護眼前的世界。自由主義捨棄了這些拘束，以無所不在的反文化來統治這個世界，這是自由主義的最高成就，也是我們繼續生活的最大威脅。自由主義的成功，再次帶來了它滅亡的條件。

第四章

科技侵蝕自由

幾千年來，科技一直引發各種崇拜與擔憂，但大概在工業革命開始之後，現代社會卻真正進入了科技時代。雖然每個人其實都喜歡科技產物，但我們對科技的依賴卻與古人大異其趣，對科技的態度以及和科技之間的關係也與過去不同。我們幾乎找不到任何前現代（premodern）的詩詞、文學、歌曲，描寫過整個社會的科技迷戀，沒有任何中世紀的偉大作品歌頌馬兒身上的鐵鐙或項圈。直到進入現代，我們的思想與情感才開始與科技難解難分，才開始有人熱切期待新科技帶來的進步未來，開始有人深切擔憂科技造成的恐怖末日。[1]

至少從瑪麗・雪萊（Mary Shelley）的《科學怪人》（*Frankenstein*）開始，對於科技的癡迷與焦慮，就是現代人自我表達的語言，以及娛樂作品的母題之一。這類題材近年似乎更加普遍，無論是科技本身的允諾與威脅，還是科技對於末日的促進與救贖。至少在我未經科學驗證的印象中，這類作品似乎變得愈來愈流行。如今核戰末日的夢魘已經消退，生化危機與機器人戰爭的陰魂卻幽幽升起，氣候變遷與人類滅絕的恐怖更是如影隨形。

過去幾十年來的幾部院線大片，都把世界末日描寫成人類英勇對抗巨大渾沌之力的戰役，大部分的時候人類都取得勝利。人類在《世界末日》（*Armageddon*）、《彗星撞地球》（*Deep Impact*）裡面對了小行星；在《星際終結者》（*Independence Day*）、《世界大戰》（*War of the Worlds*）、《世界異戰》（*Battle Los Angeles*）裡擊退了外星人；在《二〇一二》（*2012*）裡扭轉了馬雅曆法預言的世界末日。科技在這些電影中都是救主，都是戰勝威脅的武器或給予希望的源泉。

但最近出現的文本，卻大多描寫**科技如何帶來末日**。《奪天書》（*The Book of Eli*）和《末路浩劫》（*The Road*）呈現了人們對核災的恐懼。《明天過後》（*The Day after Tomorrow*）討論全球暖化。《我是傳奇》（*I Am Legend*）、《死亡直播》（*Quarantine*）、《全境擴散》（*Contagion*）、《猩球崛起》（*Rise of the Planet of the Apes*）描述生醫實驗失控造成的大規模死傷。《魔鬼終結者》（*Terminator*）系列講述科技的反噬，最近的《末日重生》（*Revolution*）影集講述電力消失，機器完全停擺的夢魘。ＨＢＯ的爆紅影集《西方極樂園》（*Westworld*）述說一個機器獲得人性，人類麻木不仁的世界，暗

---

1 Brett T. Robinson, *Appletopia* (Waco, TX: Baylor University Press, 2013).

指我們可能創造了一種比我們更美好的東西。在網路科幻影集《H＋》中，人類則將奈米晶片植入體內，可以從網路收發資料、文本、電子郵件，完全不需要手機、平板、電腦，世界一開始就像科技樂觀論者描述的那樣，開心地準備迎接新人類的誕生，但科技不久之後就失控，植入晶片者大規模死亡。

近年來的這類文本，大部分都反映了當下人們普遍的無力感，原本應該帶來解放的科技，可能會成為新的束縛。在這些影視作品中，人類只要樂觀甚至傲慢地相信科技將帶來自由的新時代，最後就會淪為科技的奴隸。我們無法把科技的力量納為己用，總是會被科技統治，甚至毀滅。

我們都是仿生人

除了熱門的影視之外，也有很多學術研究探討科技如何影響人性。如今最著名的例子，就是網路與社群媒體如何改變了我們，讓我們變成更糟的人。最近整理科技危害的學術著作與論文，有很多已經開始觸及一般大眾。尼可拉斯・卡爾（Nicholas

Carr）的《網路讓我們變笨？》（*The Shallows*）指出，網路改變了大腦的連結模式，讓我們與前人完全不同。他根據大腦可塑性（brain plasticity）的研究，整理網路上癮者的大腦生理變化，如何影響他們思考、學習、行動的模式。光是掛在網路上，就會改變神經突觸的連結，使我們渴求圖片與文字的快速洪流，無法像祖先那樣集中注意力。卡爾認為這種改變未必是壞事，因為大腦在改變之後強化了某些區域，尤其是與決策與解決問題有關的區域。真正的代價，是語言能力、記憶力、注意力顯著降低。因此卡爾認為網路讓我們變得淺薄，從神經生理一路影響到外顯行為。一言以蔽之，網路讓我們變笨。[2]

另外一些書的重點，則是網路與社群媒體對社交生活與人際關係的影響，尤其是負面影響。麻省理工學院雪莉・特克（Sherry Turkle）的《在一起孤獨》（*Alone Together*）列出許多證據，指出社群媒體的主要貢獻並非創造新的社群，而是以虛假的人際關係取代了被網路破壞的現實社群。她提醒我們，「社群」（community）的原

2 Nicholas Carr, *The Shallows: What the Internet Is Doing to our Brains* (New York: Norton, 2010).

意是「相互給予」，需要「面對面的接觸」以及「共享責任」。社群媒體讓人繞開了這些構成社群的必要條件，以轉瞬即逝的淺薄「網路」連結，取代了原本厚實的共享紐帶。特克並不懷舊，她承認過去的社群充滿摩擦甚至衝突，例如她祖父母所住的社區「經常鬧到水火不容」。但她認為這種充滿緊張的厚實人際關係，也讓人能在需要的時候互相照顧。她擔心網路不但會讓我們失去這類經驗，也會讓我們不知道如何建立厚實的社群紐帶，而社群媒體上五光十色的互動只會消滅這種連結，並以空洞的偽物填補空白。如果真實的人際關係逐漸消失，仿製品逐漸充斥世界，顯然是個悲劇，而且特克看不到什麼方法可以力挽狂瀾。我們可以限制孩子上網，但那也只能拖慢侵蝕的速度，最終我們都會在一起孤獨。[3]

這些作品就像過去的批評家一樣，認為科技改變了人類，破壞我們習之已久的生活方式，摧毀了文化的基礎。這種文化批評歷史悠久，二十世紀的劉易士．孟福（Lewis Mumford）質疑現代主義；之後的賈奎．以祿（Jacques Ellul）在《科技社會》（*The Technological Society*）中批評科技以實用與效率之名，摧毀路上經過的所有一切；最近的溫德爾．貝里則認為機械科技的內在邏輯，往往會使其破壞社群的傳統。

但這些可能都比不上尼爾・波茲曼（Neil Postman）一九九二年的《科技壟斷》（*Technopoly*），該書的副標題就開門見山地說——文化已經向科技投降。

波茲曼在書中描述技術官僚（Technocracy）如何在現代崛起。在工業化之前，文化與社會組織引入的工具沒有比較少，但這些工具「比較不會（更精準地說，比較無意）去破壞文化的尊嚴與完整性。大部分的工具都不會阻止人們延續既有的傳統、相信心中的上帝、信任目前的政治、接受既有的教育方法、認同社會組織的正當性。」[4]但技術官僚引進的工具，卻會不斷改變生活方式。「既有的每種事物，都會以某種方式被新進的工具取代……工具不但沒有整合進入文化之中，反而破壞既有的文化，並試圖**取而代之**。因此現有的傳統、社會習俗、神話、政治、儀式、宗教，便紛紛為了不被消滅而與其宣戰。」[5]這種技術官僚主義如今已經變成了「科技壟斷」，文

3 Sherry Turkle, *Alone Together: Why We Expect More from Technology and Less from Each Other* (New York: Basic, 2011).
4 Neil Postman, *Technopoly: The Surrender of Culture to Technology* (New York: Vintage, 1993).
5 同上，頁28。

化扁平到把科技進步當成唯一價值，「所有文化活動都臣服於科技與執行手段之下」。好不容易從技術官僚時代倖存下來的少數文化，如今墜入了改造過後的滄海桑田。文化的實踐、記憶、信仰全都被科技取代。科技變成了文化，或者說變成了反文化，永遠摧毀著所有傳統與習俗。

這些批評都認為科技正在改變我們，而且大部分的改變都是負分。在科技變革的巨輪面前，我們只是一群小白鼠，幾乎毫無對抗之力。這種焦慮的根源，就是雖然我們把科技當成增進自由的主要工具，卻往往無法掌握科技。

更深層的焦慮，則可能來自於我們相信科技進展是種必然，無論怎樣的警告都無法阻止。我們的世界觀似乎有很濃厚的黑格爾或達爾文式的味道，我們似乎注定會創造出一些東西來毀滅自己，或者像李・希爾佛（Lee Silver）《複製之謎》（*Remaking Eden*）所言，注定會演化成另一種我們完全不想成為的生物。在這方面，流行文化作品似乎是某種電子卡珊德拉，高聲哭喊末日卻無人相信。我們的焦慮餵養出這些作品，然後成為茶餘飯後的話題，我們藉由描繪自己的無力來逃避眼前的現實。

福山著名的文章〈歷史的終結〉以及之後的同名專書，就是這種科技與政治進步論的典範，而且保持的是樂觀主義。福山在專書中花了很長的篇幅，以唯物角度解釋為什麼科學注定帶來勝利：各國的軍事競爭需要科技不斷進步，而他認為只有自由主義國家才能打造出開放的科學研究環境，發展出最先進的武器與戰術。所以自由主義國家最後一定會勝出，其他國家只能尾隨其後。但在短短十年之後，福山又寫了《我們的後人類未來》（*Our Posthuman Future*），承認這種科技必勝論可能會改變人性、危及政治秩序。自由民主可能會搬磚砸到自己的腳。[6]

還有一些學者認為，科技的進步來自鑲嵌於現實本身的力量。經濟史學家羅伯．海爾布魯諾（Robert Heilbroner）在著名的文章〈機器創造了歷史嗎？〉（Do Machines Make History?）中抱持一種「軟決定論」（soft determinism），認為科技發展無可避免。不同社會接受科技的速度也許有異，但終將被科技滲透。丹尼爾．布爾斯丁（Daniel J. Boorstin）一九七八年的小書《科技共和國》（*The Republic of*

---

6 Francis Fukuyama, *The End of History and the Last Man* (New York: Free Press, 1992); Francis Fukuyama, *Our Posthuman Future: Consequences of the Biotechnology Revolution* (New York: Farrar, Straus and Giroux, 2002).

Technology）說得可能更直白，他認為科技發展是像重力或熱力學那樣的「定律」（Law），「科技共和國的最高指導原則是趨同，所有事物都會逐漸彼此相似。」[7]科技愈是發展，各個社會就愈是相同，如今我們質疑的「全球化」只是現代科技注定帶來的結果。

這些論述無論樂觀還是悲觀，都把科技當成某種能夠自主發展的東西，可以無視於人類的意圖與想法而演進，而且注定只進不退。它背後的思維就是黑格爾所說的「技術的詭計」（the cunning of techne）：人類無意識地釋放了科技的騷靈，因而逐漸趨同，引爆科技奇點（singularity），進入唯一可能的歷史結局。而且這段過程很可能是一個屠宰場，要求我們為了締造更美好、更完美的未來，而成為科技進步之路的功上枯骨。

我想挑戰，或者至少澄清這種思維。現代人確實已經發現科技能夠改變人類，但這並不等於科技注定會改變人類。要搞清楚兩者之間的差異，就得回到亞里斯多德所謂的「首要學科」：政治哲學。藉此指出人類與科技之間的關係為何與過去不同。

自由主義的科技思維

正如之前所說，自由主義的最大影響就是翻轉了自由的定義。無論是古希臘這些基督宗教之前的古代世界，還是基督宗教出現之後的好一段日子，自由的意義大多都包含某種恰當的自我管理。當時的人們認為，自由是讓擁有美德的人自己管理自己（當然，古代世界和基督宗教對美德的看法各有不同），並在政治上以自治的方式促進共同利益。古代思想家認為應該把重點放在明理養德，如此一來人們就會在公共生活中重視共同利益，政治便會進入「良性循環」。這種想法主要的挑戰，是如何在幾乎或毫無良性循環的地方打造第一個良性循環，以及如何抵禦腐敗與惡德的誘惑，使良性循環維持下去。

在古人的理解下，自由並不是隨心所欲，而是自己選出正確高尚的道路。自由的

7 Daniel J. Boorstin, *The Republic of Technology: Refl ections on Our Future Community* (New York: Harper and Row, 1978), 5.

人不會被卑鄙的欲望奴役，不會去追求那些永遠無法實現，注定帶來沉迷與落空的顛倒夢想。自由是藉由自我管理，去超越身體內的欲望，擺脫支配他人的誘惑，成為自己真正的主人。

現代思想的關鍵特色就是反對上述定義，把自由重新說成我們今天比較熟悉的版本。現代自由主義的創始者，認為自由是不受拘束追求任何自己想要的東西。他們把這種自由，想像成某種在政治出現之前每個人都擁有的「自然狀態」。而既然追求欲望是純粹的自由，拘束就是自由的反面，因此古人所說的自我管理，就變成了限制自由的東西。

根據新的概念，自由在政治上的主要障礙，就是對個體行為的各種規範。馬基維利首開先例，指出舊有政治秩序致力培育美德、宣揚共同利益的做法，是混淆了**應然的規範**與**實然的人類行為**，「幻想一群不存在的共和國與君主國」。若要解放人類社會的生產能力與科學能力，就得改用全新的模式與秩序，以新的政治技術來建造科技社會。這種技術就是現代共和國，它推翻古代共和主義的關鍵前提，轉而主張讓每個人盡量在公領域與私領域爭取自身利益，進而掌握自身的自由，並以最廣的範圍、最大的規模、最高的程度支配大自然。

當下的科技社會來自政治技術的偉大成就，那就是源於自由主義理論的強大「應用程式」：我們的憲法。憲法體現了一系列現代原則，藉此推翻古代的教誨，將人塑造成全新的模樣。它是科技的前驅物，是當代科技霸業的先決條件。詹姆斯．麥迪遜（James Madison）在《聯邦黨人文集》第十篇（*Federalist 10*）中，把政府的首要目標設定成「保障人類能力的多樣性」，保障每個人各自不同的追尋，以及追尋的產物，尤其是數量不同的財產。政府的存在意義是盡量保障所有類型的個人自由，實現方法則是鼓勵公民與公僕追求自身利益。因此欲望的問題要用欲望來解決，「用野心來對抗野心」，讓權力彼此分立，無法被任何單一個人所集中；同時賦予政府更多實質權力，使其直接作用於個人，解放每個人原有的環境限制，同時促進「推動科學與實用技藝的進步」。

這種全新的政治技術拓展了現代自由的實現範圍，讓我們不必繼續忠於特定的群體與地域，可以成為自己想要的面貌，實現自己的抱負與願景。麥迪遜把現代共和的這種功能稱為「拓寬軌道」，削弱人與人之間的束縛與承諾，讓每個人都能盡力追求自己的夢想。當然，現代共和也得處理敗德墮落帶來的政治問題，但它的方法不是像古代人那樣強調公共性，而是讓人習慣「質疑彼此的動機」，藉此適應大幅擴張的人類能力，以及不斷變化的政治局勢；另外它推崇「多元主義」（pluralism），認為選項的樣貌勢必逐漸增加，公民的喜好注定飄忽不定。這種全新的政治技術建立了當代的科技社會，它以個人的自身利益與雄心壯志，取代過去的美德與公共性，讓我們重視個人喜好甚於公共利益，同時相信社會允許我們重新考慮任何限制個人自由的人際關係。這種人造的政治技術甚至成為了「全新的政治科學」，決定了我們對科學與科技的看法。真要說起來，科技不可能獨立於政治與社會規範而存在，所有發展與應用都會受到相關規範的影響；但諷刺的是，自由主義引進的新規範，卻讓我們相信科技的存在完全獨立於我們的意圖，而且能夠反過頭來影響我們的規範、政治、人性，最後脫離我們的掌握。

了解這些塑造科技社會的政治先決條件，就會知道目前兩種關於科技的主流敘事都有問題。也許科技根本無法獨自把社會「改造」成更糟糕、更危險的樣貌；此外，或許科技的傷害是可以避免的，而且是可以逆轉的。

首先，如今人們經常擔心科技如何破壞社會連結，如何強化個人主義；但正如上述所言，只要了解科技社會的先決條件，就會發現我們口中的「科技」，其實只是延續著近世政治哲學的基礎信仰，以及這種哲學發明出的現代共和政府與憲政體系。與其說當代的科技「塑造」了我們，不如說是我們的政治觀念孕育出了這些科技。現代的政治技術就像是軟體的作業系統，它根據對於自由的全新定義造出一個平台，讓各種科技程式在上面繁榮發展。

引起許多討論的《大西洋》雜誌文章〈臉書讓我們孤獨嗎？〉（Is Facebook Making Us Lonely?）承認了一部分問題。作者史蒂芬．馬凱（Stephen Marche）開頭就以他一貫的行文，敘述臉書這種科技如何使更多人變得孤獨、悲傷，甚至憂鬱。他認為孤獨幾乎可說是某種疾病，而且明明臉書這類社群網路愈來愈普及，罹患這種疾病的人卻愈來愈多。美國大約百分之二十的（即六千萬）人表示自己受孤獨所困，也出現各種醫療性的社會服務來處理這類憂鬱。「對舊日的哀悼已經變成了當下的公衛問題」。[8]

8 Stephen Marche, "Is Facebook Making Us Lonely?" *Atlantic*, May, 2012.

但馬凱沒有把無盡蔓延的孤獨怪到臉書頭上。他認為臉書這類科技，其實挖出了美國人長久以來對獨立與自由的渴望。也就是說，臉書其實只是挖出了思想、政治，甚至神學立場中潛藏已久的孤獨。「孤獨是美國人花錢時最先買到的東西之一……我們孤獨是因為我們想要孤獨，我們讓自己變得孤獨。」馬凱說臉書這種科技「是每位國人長期渴望獨立，所衍生出的產物。」而正如我所說，這種對獨立的渴望，正是自由被重新定義之後的結果。

這種「科技」不僅限於臉書，我們的建築也有類似的改變。美國人是全世界最喜歡獨棟住宅的民族，自從二戰後人人買得起汽車，我們就住進郊區的建物，一棟棟彼此獨立，一家家相敬如賓。但郊區並不是汽車的產物，反倒是汽車、高速公路、加油站、大賣場、速食連鎖店才是美國願景的產物。我們在一整套哲學信仰下，選擇了這種生活方式。除了汽車以外還有很多其他證據，建築史學家理查・湯瑪斯（Richard Thomas）在一九七五年的著名文章〈從前廊到天井〉（From Porch to Patio）中指出，橫在正門前方的前廊，原本是美國住宅立面最顯眼的風景，卻在戰後大幅消失，被房屋中央圍繞的天井取代。前廊具有社會功能，甚至是公共功能。在沒有空調的時代，它不僅提供涼爽的微風，更在住宅大門和馬路之間隔出一個「過渡空間」，反映過去的人對鄰里生活的期待。它通常臨著人行道，很適合串門子聊天，這樣的互動當時也相當常見。但在汽車普及、郊區興起之後，房屋內部的天井取代了大門以外的前廊，住宅變得比以前更隔離、更孤立、更隱密，更少公共空間，更少鄰里互動。這些科技的轉變都反映出現代共和的自由概念，人們常說科技讓我們「更孤獨」，但真正造成影響的是背後的思想。[9]

相反地，人類也會用社會與文化規範，去管理原本為了其他目的而打造出來的科技。我們常把「阿米許人」（Amish）當成恐懼科技的老古板，但這種觀點對「科技」的理解本身就有問題，沒有注意到每個族群所接受的科技，都反映出該族群的社會承諾。很多人覺得阿米許人的行為，例如拒絕使用拉鍊，簡直難以想像；卻沒有去觀察他們如何決定是否使用一項科技，背後又是根據哪些基本判準。無論是自由主義國家還是阿米許人，是否使用科技都取決於「是否有助於我們的社群結構」。麻煩的是，

9 Richard H. Thomas, "From Porch to Patio," *Palimpsest*, August 1975.

人們明明並不認為汽車和電力對社群有益，卻使用了汽車和發電廠。對我來說，這方面最明顯的例子就是是否參加保險。我們的保險是一種盡可能匿名，盡量避免做出承諾的制度，無論是汽車、房屋、人壽、健康險，每個保戶都各自根據精算表上的價格，與其他陌生人一起繳交保費。當我遇到損害時，我（或我的受益人）就向保險公司申請，從資金池中提取理賠金。我完全不知道自己領走了誰繳的保費，其他保戶也不知道自己的錢用來協助了誰。無論是投保怎樣的險，我都沒有對保險池中的其他人親身承擔任何責任或義務，唯一的義務只有按時轉帳給保險公司。

某些阿米許社群禁止成員購買保險，因為社群就是他們的「保險池」，每個人都有責任與義務，幫助不幸受損的夥伴重拾正常生活。[10]經濟學家史蒂芬・馬格林（Stephen Marglin）在《無趣的學科：經濟學家的思維方式如何破壞社群》（*The Dismal Science: How Thinking Like an Economist Undermines Community*）中深刻指出：「阿米許人也許是二十世紀美國唯一在意社群的人。他們之所以禁止保險，是因為知道個體與保險公司之間的市場關係，會破壞人與人之間的依賴。對阿米許人來說，共同搭建穀倉並不是為了懷舊，而是為了鞏固彼此的連結。」[11]

我之所以要指出舊秩序的阿米許人與當代的自由主義者，在處理問題與使用科技的方法上的重大差異，並不是要建議全面改用阿米許人的生活方式，而是要指出一個問題。我們根據自由主義的現代觀點，認為自己的生活是自由的，阿米許人則活在各種壓迫性的規範與習俗之中。但我們也得知道，雖然我們可以自由選購各種科技產品，例如轎車或吉普車，哀鳳或三星手機、蘋果或個人電腦；但也同時認為自己嚴重

10 這種做法呼應人們經常引用，卻鮮少閱讀的約翰．溫斯羅普（John Winthrop）佈道紀錄「基督徒慈善的典範」（A Model of Christian Charity）。溫斯羅普呼籲清教徒應該以基督的慈善紐帶彼此緊緊相連：「如今避免沉船，以及保全後代的唯一方法，便是奉行彌迦書的忠告：行公義、愛憐憫、存謙卑的心，與你的神同行。為了這項偉業，我們必須團結如一，必須對待每個鄰人如兄弟。我們必須節儉，以多餘的物資供給他人的所需。我們必須以順服、仁愛、忍耐、慷慨的心，共同維持這項善的事業，我們必須使彼此愉悅，將彼此的困境都視為自己的困境，一起歡喜，一起勞作與受苦。在行動中不斷反思我們的使命與社群，記住我們都是彼此的兄弟。」John Winthrop, "A Model of Christian Charity," in *The American Puritans: Their Prose and Poetry*, ed. Perry Miller (New York: Columbia University Press, 1982), 83.

11 Stephen Marglin, *The Dismal Science: How Thinking Like an Economist Undermines Community* (Cambridge: Harvard University Press, 2008), 18.

受制於整體科技的進展，無法拒絕任何一種科技。相比之下，阿米許人雖然選項嚴重受限，卻是根據自己社群所設定的標準，來選擇接受哪些種類的科技。到底是我們比較自由，還是阿米許人比較自由？

我們發明了各種強大科技，某些有如網路一般翻天覆地，另外一些則像保險那樣默默改變了世界樣貌與人際關係。極為諷刺的是，我們發明這些科技，明明是為了成為想像中更完美的自己，但在使用的過程中卻逐漸懷疑，自己是否失去了對科技說不的餘地。

在自由主義政治秩序，與其培育的資本主義經濟體系之中，我們為了守護現代版本的自由，擴大自由的疆界，必須不斷強化自己的力量，獲得先進的科技。於是我們愈想增進個人自由，就愈需要集中政治與經濟權力；但當代的政治論述都說，個人自由與集中化的權力注定扞格，於是我們陷入了矛盾。為了跳脫這種矛盾，我們必須重新認識目前不斷擴張的個人自由，其實是各種複雜科技滲入生活之後的產物，這些科技雖然斬斷了天性與傳統義務的束縛，卻也讓我們覺得自己更加無力、無法發聲、更加孤獨、更不自由。

如今愈來愈多人相信我們無法控制科技產品的行為，或科技發展的軌跡。這件事非常諷刺，早在一九七八年，丹尼爾・布爾斯丁就在《科技共和國》中寫道：「科技創造了自己的發展方向，而且無法逆轉。當下的世界已經有太多事情我們無法掌握，未來只會更多。」[12]布爾斯丁認為，未來的人將愈來愈無法拒絕科技，只能不斷地像霍布斯與洛克一樣，為了追求「自然狀態」下的自主與自由而引進更多科技，卻逐漸被這些科技所宰制。我們將不再能夠選擇如何發展科技，只能聽命於一種無法掌握的巨大浪潮，任其逐漸侵蝕我們僅剩的自主。如今描寫科技反烏托邦的影視作品愈來愈多，其中很多故事都設定了一種遙遠神祕的力量操縱著每個人，使每個人都活在自由的假象之中。著名的《駭客任務》就很有柏拉圖洞穴寓言的味道，故事中每個人都是洞穴裡的囚犯，被無所不在的母體所操縱，相信牆壁上的投影就是現實世界。

但其中最哀傷的，也許是我們決定生活樣貌的能力已經縮小到微乎其微。如今人們不斷哀嘆各種危機，卻看不到危機背後的共同機制：我們發現公共領域正在萎縮，

12 Boorstin, *The Republic of Technology*, 9.

卻無力爭取共同利益；我們爆發了金融危機，卻繼續為了追求當下的滿足而繼續發行公共與私人債務，希望下一代能找到神奇方法拆掉高築的債台；我們關注環境危機，卻繼續貪得無厭地消費，冀望強大的新科技可以修復地球；我們注意到社會上的道德危機，發現像家庭這類的承諾變得搖搖欲墜，卻推出更多治療服務與社會福利來彌補。我們沒有發現，這些危機其實都是現代自由主義鴻圖霸業所累積下來的業障。如今有人歌頌科技的偉大成就，也有人擔心科技社會的代價。這兩者都沒有錯，因為我們的「科技文化」一開始就誤解了自由的意義，這樣的文化愈是發達，我們當然會愈被自己的幻想所束縛。

第五章

毀壞全人教育的自由主義

在自由主義稱霸以前，文化活動是人類最容易接觸的科技，也是教育的根本所在。它能夠無孔不入地滲透、形塑每一個參與其中的人，並一代一代流傳下去，滋養文明的根柢。文化的英文「culture」，源自拉丁文的「cultura」，意思是養殖和培育；良好的文化就像是肥沃的土壤，能讓人類繁榮昌盛。

但是當自由主義全面贏得勝利，推翻所有形式的文化，教育的根就必定朽爛；屆時，一直為我們培養自由靈魂的全人教育（liberal education）也將跟著崩壞，因為這種教育需要深入理解歷史悠久的文化傳承，特別是古典時代的思想與基督教文明的傳統。當自由主義的願景完全實現，人們將會失去文化陶冶，失去自治這種屬於自由人的美德；此後，教育培養的不再是自由的個體，而是內心只有粗野欲望，焦躁不安，妄想憑科技掌控自然世界的鼠目寸光之徒。

自由主義摧毀全人教育的第一步，是斬斷教育事業和文化活動的連結，使其變作反文化的動力來源。於是乎，教育切除了文化對人格的影響力，人們不再生活在自然和傳統之中，反而去親近缺乏文化根基的多元文化主義、不實際與自然互動的環保主義，以及片面、同質化的「多樣性」。儘管自由主義宣稱要重視多元文化，但這只不過是為了遮掩它的反文化傾向，讓人們忽視它正在令世界漸趨同質。

此外，自由主義對教育的另一個威脅，是修改自由的定義；自由主義說的自由，不是從教育中學來的自治（self-government），而是沒有節制的自主（autonomy）。所以自由主義遲早會毀滅全人教育，因為它主張自由是與生俱來，而非學習而來的。在自由主義的統治下，全人教育先是成了個人解放的工具，不分人文、理工、經濟還是商管，每一門學科都以此為目標。然而在人文學界，那些口口聲聲身分認同，眼裡只有歷史上各種壓迫的解放運動，卻逐步取代了真正的人文學識。同時，人們也漸漸相信，只有能幫助個人實現自主的「務實」學科，也就是理工、經濟和商管等學科，才有研讀的價值。以往培育自由靈魂的全人教育，就這麼被馴養戚戚小人的學科取代，為「公共事務」（*res publica*）設立的教育沉淪，為「私人事務」（*res idiotica*）效勞的教育興起，而在希臘文裡，「私人事務」的意思，正是「對公共事務一無所知者所過的生活」。左派與右派之間再也沒有真正的差異，因為兩邊都同意，教育唯一的目標就是讓受教者贏得更多權力。事到如此，全人教育也沒有任何意義了。

自由主義對全人教育的傷害

「全人教育」最初是指「自由人所需的學問」，這些學問起源於前現代世界，其基礎也是前現代對「自由」的理解。在自由主義出現後出生的我們，已經被教育成相信自由的定義，就是不受外在約束。霍布斯和洛克等思想家在社會契約論中告訴我們，政府出現以前的自由，才是人類的自然狀態，我們一開始都是自由的生物，只是為了換取某種程度的安全和安定，才會服從法律這種人為的外在約束。在洛克看來，服從法律是為了「確保」自由，並「按照我們認為合適的方法來處置我們的生命財產。」

但在自由主義思想出現以前，人類早就歸納出自由需要哪些學問了。這些詢問源自於一種前現代的認知，而這種認知來自柏拉圖、亞里斯多德和西塞羅等人的學說，也來自《聖經》和奧古斯丁、阿奎那、但丁、摩爾（Thomas More），還有彌爾頓（John Milton）等人的基督教著作。但全人教育並不是隨隨便便就選擇以這些古典時代和基督教傳統的文本為核心。因為這些作者之間雖有許多差異，但他們都同意，自由並非與生俱來，而是要經由習慣、訓練和教育，特別是學會自我約束才能擁有的東西，需要漫長的學習才能掌握。只有在美德的薰陶中掌握更高層次的理性與精神素養，人才有能力自由。這種前現代的觀點認為，只有低三下四的人才會想幹什麼，就幹什麼，因為一旦我們這麼做，就會受到內心最卑鄙的欲望驅使，違背我們比較高尚的那一面。全人教育正是基於這種認知，以培養自由的靈魂與自由的公民為己任。因為只有教育才能使人自由。

多年來，這種知識觀一直是全人教育的核心。它的權威來自人類世代流傳的信仰傳統和文化習俗。如今，許多校園都像中世紀遺留的羊皮紙珍本書一樣，保留著這種觀點的片鱗半爪。雖然紙上許多地方的墨跡已經被刮刀清除，填上了新的文字，但底蘊深厚的人依然可以從中讀到遠古的教導。在學校古老的哥德式建築中，在「教授」（professor）、「學院長」（dean）和「教務長」（provost）等頭銜裡，在師生一年只會穿上一次或兩次的飄逸長袍上，都還可以看見那些古老的傳統；這些傳統曾經是學校的精神與生命，而現在卻徒留身影。

而在所有的留影中，最能讓人有所感應的，大概就是教育機構的格言和校徽了。我印象最深刻的一句格言出自俄亥俄州雅典市的俄亥俄大學，這座學校由美國國會在一八〇四年成立，是大西部這片動盪土地上最早的大學之一，當初的創校格言，至今仍刻在該校的校徽上：「*Religio, Doctrina, Civilitas, prae omnibus Virtus*」，意思是：「信仰、真知、禮義，在此之上的是美德。」在該校的學級門（Class Gateway）上，還清楚刻著一七八七年《西北土地法案》中的一句話：「信仰、道德與知識，對於良好的政府與人類的幸福都是必要的，學校與一切教育途徑，都應永遠受到鼓勵。」因為這份情操，美國設立了許多公立大學，這些學校除了促進科學和實務知識的進步，最重要的目標還是培養學生的美德和品行。

比如德州大學奧斯汀分校刻在校徽上的格言是「*Disciplina Praesidium Civitatis*」，一般譯作「教育保衛社會」，但應該理解成「有教養的心靈是民主的守護神」，因為這句話出自德克薩斯共和國第二任總統米拉波．拉馬爾（Mirabeau Lamar）的一次國會演講：「有教養的心靈是民主的守護神，而在美德的指引與控制下，也是人類最高貴的特質。它是自由人唯一承認的獨裁者，也是自由人唯一渴望的保障。」這段話強調了美德、權威與自由的關係，並且「教養」（*disciplina*）一詞不僅代表著「修養」，也暗示了紀律，指出自由其實是一種特別的成就，是在美德的訓導下才能實現的自我約束。該校的校徽中間是一面盾牌，盾牌的上半部有一本打開的書，象徵達成自由紀律的方法，也就是智慧、教育，以及過往的教訓。這種教育的目標不是「批判思考」，而是學會受美德約束的自由。

正如拉馬爾所說，全人教育的思維是培養自制的美德，因為在眾多生物中，只有人類才有自由選擇的能力，但這樣的自由需要指導。古人明白，人們常會濫用甚至誤用這份自由：包括人類從伊甸園墮落在內，西方傳統中最古老的故事，都是在講述人類有多容易濫用自由。了解我們自己，是為了更了解怎麼善用這份自由，特別是了解如何控制彷彿無底洞般的欲望。基於這個傳統，全人教育的核心目標，就是教學生了解身而為人的意義，其中最重要的，當然就是如何獲得自由，在擺脫外在束縛的同時，也要擺脫內在的欲望與飢渴。所有「古典學科」（older science）都鼓勵人們探討哪些事情可以做，哪些事情不該做，琢磨如何運用自由最好、最高尚，並思考有哪些行為是錯誤的。這些學科鼓勵年輕一代去請教思想史上偉大的文章、史詩、悲劇和喜劇、哲學家與神學家的思索、上帝的啟示，以及許許多多試圖解答應該如何善用自由的著作。自由是一門技藝，不能依賴本能，也不是與生俱來，而是要從教育中學習，不斷精進才能通達。全人教育的中心思想是人文價值，也就是「如何成為一個人」。

但是當自由有了新的定義，美國的全人教育就崩潰了，教育開始脫離古典思想和基督教所強調的自我管理與自我約束，鼓勵學生相信自由就是不受限制的欲望。此時，以學習自我管理為目標的全人教育，就不再符合當代的教育目的了。一直以來要求學生了解希臘語、拉丁語等古典語言，以便閱讀經典文本，或是熟讀《聖經》和經文詮釋的做法已經式微，變成由個人品味與偏好推動的「研究市場」。同時，全人教育中的科學與數學也被獨立出來，加上應用性的科技與工程，以及商管金融這些為就業市場服務的科目，一起排擠人文學科。

美國大學慢慢放棄了古典學科，開始教授這些新興科目。從十九世紀開始，美國的大學就愈來愈多，這些學校仿效德國的大學，將教育劃分成許多專門學科，把重點放在訓練專才的研究生教育，以發掘新知識為首要目標，不少老學校也決定跟上這股潮流。漸漸地，宗教不再是大學教育的基石，甚至遭到廢止；人文學科雖然還是全人教育的核心，但已經失去了基督教傳統才能提供的全面世界觀。而這些視野和信條，原本都是大學運作的基本原則。到了二十世紀中葉，在政府大力投資「有用的技藝與學科」下，社會變得更加重視科學教育和科技創新，讓大學更進一步調整自己在各方面的定位和優先事項。

此時的全人教育在人們眼中，已經跟追求現代的自由無關了，因為在人們的理解中，只有靠著軍事實力、科學、科技將資本市場推及世界上的每個角落，才能夠保障自由。前加州大學校長克拉克・柯爾（Clark Kerr）曾在一九六三年的哈佛大學「戈德金講座」（Godkin Lectures）上提出，大學的概念正在消亡。演說的內容後來也集結成《大學的功用》（*The Uses of the University*）一書出版。他認為往後的高等教育無法像過去一樣，以某種終極目的或宗教願景教導學生如何成為完人，而是會不可避免地走向綜合大學（multiversity），變成一個龐大的聯合組織，學校裡不同領域的成員幾乎不相往來，各自努力，但最終都是為了國家的軍事和工業生產有用的知識。他也說「綜合大學能幫助美國進一步工業化、提升生產力，並帶來更多財富、實質延長人類的壽命，維持睥睨全球的軍事與科學霸權。」[1]換句話說，新型態的「綜合大學」，體現的是培根的名言「知識就是力量」，目的是讓人類距離主宰世界更進一步。

大學的目標改變後，各種內在與外在誘因，也讓教師逐漸像新學科追求的一樣，努力創造新知識；從接受學術培訓的時候，他們就被灌輸要重視原創研究：若是想獲得終身教職，也得發表論文並獲得該領域專家的普遍認可，證明自己研究的獨創性和生產力。接著，教師甄選和聘任也變成了市場。他們不再為特定的教育機構或教育家的使命奉獻，甚至也不為學生奉獻，而是漸漸認為自己只是在從事一門職業。道德修養好壞也不再是聘雇教職人員的考量——這不僅跟專業水準無關，也和現代的自由觀背道而馳。

整個大學的架構，都變成以創新和創造「新知識」為重，教育的指導原則也變成了進步，而不是藉著浸淫經典成為全人。關於這點，只要對比德州大學成立時設計的校徽格言，和近年來該校首頁上的使命宣言，就能窺一斑而知全貌。[2]在老校徽和一段關於「卓越教育」的陳腔濫調之後，就是當代教育的典型樣貌：「藉著研究、創造活動、學術探討和研發新知識來推動社會進步。」就是德州大學當今的任務。新的使命宣言強調大學的研究和學術價值，特別是創造「新知識」，而非「受美德與教養引導的心靈」。而且，這裡頭完全沒有什麼「古老美德的重新詮釋」，它不在乎培養美德，只看重有助於進步的研究。這裡的進步，指的基本上就是過去幾百年裡，那種以人類意志統御自然的野心。像這樣的重心轉移，幾乎在任何一間美國大學的格言上都可以看到。

而這種改變的影響，就是學生抗拒以往按部就班接受全人教育的安排，認為自己應該盡早開始學習一些「實際」的東西，而這也完全符合教師的利益，因為現在的他們都把心思放在「創造新知識」上，專心投入研究和指導研究生。學生和教師會同時放棄全人教育，本質上是出於相同的原因，也就是一種以自由主義為核心的自由觀。在這種自由觀下，學生們必然會無從選擇，只能順應市場需求投入最實際的專業，放棄其他可能會吸引他們好奇心的學科。理所當然地，這就造成主修人文課程的學生持

1 Clark Kerr, *The Uses of the University*, 5th ed. (Cambridge: Harvard University Press, 2001), 199.

2 https://www.utexas.edu/about/mission-and-values.

續減少，愈來愈多學校選擇收掉在選課市場中缺乏吸引力的課程。

照理說，教授應該最有能力捍衛人文學科在全人教育中的核心地位，但他們卻只會對著頹勢嘆息，把這一切歸咎於管理階層和「新自由主義」（neoliberalism）。就連他們也沒有看見，如今的人文學科絲毫沒有抵抗，反而更徹底地體現著自由主義的價值觀。既然他們普遍看不清是什麼在摧毀人文教育，當然也就無法抗衡，更不可能抵擋自由主義洶湧的潮流。

背叛人文

在自由主義占據優勢以後，人文學科和理應更重視人文主義的社會科學教師，都沒有設法維護全人教育，而是設法迎合主流，轉而批判起自己以前研究的「經典著作」，同時鼓吹其他人也用進步主義的姿態去批判手中的研究材料。而保守派教師雖然普遍反對這些校園左派，呼籲要盡心研究經典著作，卻沒有意識到，把研究者推得愈來愈遠的，正是這些著作本身。雙方都沒有站出來，繼續任由學術界自由主義化。

左派的做法是不假思索地默許這一切，而且為了應對這種結構性的變動，從事人文學科研究的人更開始質疑起自己他們在大學裡的地位。雖然他們依然在研究偉大的經典，卻愈來愈懷疑自己是否有必要做這些事。[3]如果善用自由的學問都要被科學的世界摒棄了，那麼在課堂上讓年輕人面對這些挑戰，真的還有意義嗎？從前建立在文化和傳統上的那一套，真的能跟上這個把創新和進步看得比什麼都重要的時代嗎？人文學科又該怎麼向管理階層，還有更廣大的世界證明自己的價值？

在這片自我懷疑的沃土上，自我毀滅的傾向很快就生了根。隨著海德格（Martin Heidegger）高歌意志解放的理論照耀整片田土，後結構主義首先冒出嫩芽，隨之而來的則是後現代主義。這一類思想雖然表面上敵視著科學界的理性主義，但又因為接受了自然科學界制定的學術規範，能夠生產出「進步知識」而被大學體系接受。如此一來，教師們就可以靠著抨擊經典的落後，來凸顯自己有多進步；也可以藉著吹捧自己

3 查爾斯・史諾（C. P. Snow）在他的經典著作《兩種文化》（*The Two Cultures*）裡輕鬆地解釋了為什麼人文學者應該學習科學，對於科學家應該學習人文的理由卻講得零零落落。C. P. Snow, *The Two Cultures* (Cambridge: Cambridge University Press, 1965).

研究的作者來「創造知識」;或是攻擊自己研究領域的根本經典,表現出反傳統的姿態。這些思想還鼓吹「懷疑解釋學」(hermeneutics of suspicion),主張要揭露經典著作受到哪些不平等偏見的影響,甚至去質疑這些著作的思想裡,是否隱含著作者「教化」讀者的意圖,以證明在現代科學方法所打造的環境下,人文學科仍有辦法發揮作用。[4]他們學會了使用「專家」才聽得懂的術語,披上科學祭司的法袍,為了證明自己的價值,摧毀了自己研究的事物,也背叛了人文學科引導學生傳承文化的使命。[5]

為了追上理工學科的同行,人文學科成為了所有學科裡最自由主義的學問,甚至大膽(卻無能地)挑戰起科學研究的正當性。許多自然現象,比如人類性行為這種理所當然的生物學事實,都開始被說成是「社會建構」。自然成了可以任意操縱的對象,從各方面來說都不再是標準。如果「事實」可以改變,如果身分認同只是一種選擇,又為什麼要接受生物學事實呢?如果人類一定要有個「天性」,那麼唯一可以接受的天性,大概就是「一切以意志為依歸」,因為意志就是掙脫約束與限制的純粹力量,也是創造自我的無限可能。

諷刺的是,雖然後現代主義說自己是理性科學主義的大敵,但兩者的基本信念卻沒有差別，雙方都因為符合現代定義的自由，而成為大學校園裡的主流。在現今的人文科系裡，這種信念變成了激進的解放理論，全心全意摧毀一切的階級、傳統和權威，把研究和進步都當成解放個人的工具。現代學院最關注的焦點之一就是性自主權，這也顯示了現代自由主義人文學和科學研究之間的緊密關係：兩者最終都想掌控自然的所有層面，其中當然也包括了人類的生殖。[6]另外，人文學科和社會科學也打著「多元文化」和「多樣性」的旗幟，大力投入身分政治，以及糾正過去特定群體受到的不公待遇，但諷刺的是，這些行動卻讓校園的文化趨向單一。他們最賣力聲援、平反的對象，都是特定的種族、性別或性向認同等「天生如此的群體」，卻很少關注

4 朱瑟琳．喬塞爾森（Ruthellen Josselson）解釋過「信仰的詮釋與懷疑的詮釋」之間的差異，請見 *Narrative Inquiry* 14, no. 1 (2004): 1–28.

5 關於這段歷史更完整的討論，請見 Anthony Kronman, *Education's End: Why Our Colleges and Universities Have Given Up on the Meaning of Life* (New Haven: Yale University Press, 2006)，尤其是第三章和第四章。

6 這種結合基進女權主義與科技能改變人性的樂觀信念仍常被人引用，見 Shulamith Firestone, *The Dialectic of Sex* (New York: Morrow, 1970).

族裔和階級等內部凝聚力較強的「工作與文化社群」。因此，雖然這些關懷種族或性別議題的學生團體嘴裡高呼著正義，大力協助這些群體完全容入現代自由主義社會，但他們卻很少關注庫德族或苗族[7]這些內部凝聚強烈、拒絕個人主義的族群；而科普特人（Copts）這類被迫害的宗教少數群體、四健會（4-H Club）領袖等不住在城市的非菁英，或是美國鄉下的窮人，同樣都很難博得當今校園自由主義者的關懷。[8]

政治學家威爾森・麥克威廉斯（Wilson Carey McWilliams）說得沒錯：

> 自由派改革者認不認可一個群體，都是從先天條件來判斷。在自由主義理論中，我們的「天性」指的是我們的身體，而這樣區分群體是「自然」的，不像工作和文化社群都是「人為」的紐帶。但這並不代表著自由主義重視所謂的「自然」群體。事實正好相反，因為自由派的政治社群鍾愛以人力超克或控制自然，才會認為不該讓「純粹的先天差異」妨礙我們。人不該被無法選擇的條件限制，這些處境不能反映個人的努力和才幹。改革派之所以和婦女、弱勢種族和年輕人站在一起，只是為了讓個人擺脫這些「不可靠的分類」。

階級和文化卻不一樣。人們會成為某個文化群體或工人階級的一分子，是因為他們選擇不追求個人成就，不願融入主流的中產階級文化，或是因為他們無法成功。自

7 編按：苗族裔美國人（Hmong Americans），美國的一個亞裔族群，大多數是在越戰結束後從東南亞各地來到美國。

8 Steven Levy, "GU NAACP President Discusses Diversity Issues," *Hoya*, October 19, 2010.「我覺得金錢和金錢的匱乏，以及缺乏參與消費主義、資本主義社會和經濟活動的機會，都是阻礙的來源。許多少數族裔都知道自己和美國的其他族裔相比，並沒有站在同一條起跑線上。」http://www.thehoya.com/gu-naacp-president-discusses-diversity-issues/#.

有項研究顯示，如果學生曾在不符合「資本主義社會」期望的領域擔任過領導者，就更不容易錄取菁英大學。羅素．尼利（Russell Nieli）總結了這項研究：「研究發現，如果學生要申請NSCE數據庫中『有競爭力』的私立大學，只要他在高中參加過大學儲備軍官訓練團（ROTC）、四健會或美國未來農民會（Future Farmers of America）等紅州常見的活動，即使其他條件和別的申請者相當，錄取的機率也會大大降低。而在這些活動中擔任過領導職位，或是曾經得到榮譽和獎項的人，又會蒙受更大的劣勢。Espenshade和Radford表示，成為軍官或是因『儲備軍官訓練團、四健會或美國未來農民會等就業取向的活動而獲獎，與錄取篩選嚴格的學校之間，有著顯著的負相關。』在這些活動中表現卓越『會讓錄取機率降低百分之六十到六十五』。」Russell Nieli, "How Diversity Punishes Asians, Poor Whites, and Lots of Others," Minding the Campus, July 12, 2010. https://www.princeton.edu/~tje/files/Pub_Minding%20the%20campus%20combined%20files.pdf.

由主義理論偏愛自行其是的人，也因為如此，能夠這麼做然後成功的人，就會比沒有這麼選擇的人更受推崇。因此在自由主義理論中，文化背景和階級是恥辱的標籤，人們要是因此遭受歧視，某種意義上都是他們「自己的錯」。我們可能會同情失敗者，但他們沒有正當的理由可以要求平等對待，不像那些因為「不是自己的錯」而遭受歧視的人。[9]

然而，儘管當代人文學科和現代科學事業一樣都追求個人自主，但這一絲相似之處卻對人文學科的延續沒有多少幫助。因為它還是沒有給出明確的理由來說服人們接受全人教育，這讓人文終究和現代社會重視的自主與掌控搭不上邊。而學生和管理階層也不是傻子，他們會用腳和錢包投票，支持其他更有希望掌控自然的學問。人文學科雖然投入了追求自主的願景，卻無法證明這些學問有助於實現自由主義的價值，最明顯的就是人文學科都不斷萎縮甚至消失，但主修理工和商管的人卻一直增加。無論學生、家長還是管理階層都很清楚，要實現自主的願景，選讀人文學科絕對不是什麼好辦法。

如今還在繼續捍衛全人教育的人已經很少了。一九八〇年代左派文化鬥士的子女，早就不再關心經典的廣博與分量，他們更感興趣的是推進平等自主的願景，這些學生團結起來，以所謂「學術正義」（academic justice）和「增加校內多元性」的名義，反對學術自由和言論自由這些「過時」的自由主義規範。儘管這些運動都呼籲增加多元性，但幾乎每一場「多元」運動，都只讓校園裡的意識形態更趨同質。表面上，校園裡的種族變得更多元，性別和性取向也變得更多樣化，但真正推廣開來的，只有自由主義的世界觀；個人自主愈來愈受推崇，而在背後撐腰的，則是國家的權力、資源，還有它對各級教育日益加深的控制力。

但右派文化鬥士的下一代，基本上也不認為有必要靠經典著作來培養自治的美

9 Wilson Carey McWilliams, "Politics," *American Quarterly* 35, nos. 1–2 (1983): 27。政治學家詹姆斯・史汀生（James Stimson）在最近的文章中提到了相關證據：「當我們觀察生活在貧困地區的人，我們觀察到的不是工人階級的衰落，而是當其他人前往別的地方尋找並獲得機會時，某一群人明明面臨著經濟困境，卻選擇留在家裡接受這些事……這些對社會顯得畏縮、保守、缺乏雄心的人選擇了留下並接受衰落。」換句話說，勞工階級白人會遭遇困境，都是因為勞工自己的錯。Cited by Thomas B. Edsall, "The Closing of the Republican Mind," *New York Times*, July 13, 2017. https://www.nytimes.com/2017/07/13/opinion/republicans-elites-trump.html.

德。如今的「保守派」反而更傾向認為全人教育不僅失敗，甚至也不再值得捍衛。[10]他們幾乎是一面倒地朝現代市場靠攏，呼籲要更重視理工和經濟領域，而這些學科正是因為經典著作中的思想，才能有今天的影響力，現在卻反咬一口，主張人們或許不該再研讀經典了。威斯康辛州長史考特・華克（Scott Walker）和佛羅里達參議員馬克・魯比歐（Marco Rubio）這些保守派政治人物，都對不能創造高薪職務的人文學科相當鄙視，並意外獲得了歐巴馬總統的支持，後者也曾基於同樣的理由批評藝術史。

全人教育能否對抗自由主義？

當代的環境只會加速全人教育消亡。這是因為它無法提出有力的論點，支持這些科目繼續留在校園，而大學不但需要「有用」而且「應用層面廣」的知識，還面臨資金萎縮的窘境，自然就會先拿人文學科開刀了。人文學科還是會繼續存在，但是會淪為一種「精品」展示櫃，用來展現高等學府對知識的尊重，但整體來說，人文學科在現代大學的地位，勢必愈來愈卑微。

雖然當今的人文學科教授中很少有人能夠提出理由抵抗目前的趨勢，但我認為在古老的人文研究中有個非常簡單有力，值得我們聽取的警告：解放之路的盡頭是奴役。自由主義那種超脫一切阻礙的解放，終究是虛幻的，道理也很簡單：人的欲望無窮，然而資源有限。因此，我們不可能獲得現代意義上的全然自由。因為我們永遠不會滿足，永遠都在追逐欲望，不會因為欲望實現而滿足。在這個不斷追求欲望滿足的過程中，地球的資源很快就會耗竭。如果我們徹底走上這全然解放的道路，我們的命運將比歷史上任何一個時刻，都更屈服於「必然」。屆時，我們的主人就不是內在的

10 一名社區大學校長里德（Matt Reed）承認他反對一九八〇年代的政治哲學家亞倫・布魯姆（Allan Bloom）等人，但他也質疑，在保守派立法者大幅削減人文學科的財政支出後，捍衛人文學科的保守派都去了哪：「我不知道布魯姆對這份要求課程須經過州政府認證的《佛州法案》，會有什麼反應，但任何言行合一的保守派文化鬥士，都應該對於讓立法者決定課程的想法感到憤怒。如今的保守派已經放棄了維持知識傳統，認為只要能降低成本就是一件好事。他們決定與其為柏克辯護，還不如在線上教《商業概論》就好了。」“Remember the Canon Wars?” Inside Higher Ed, April 11, 2013, https://www.insidehighered.com/blogs/confessions-community-college-dean/remember-canon-wars。另見 Jonathan Marks, “Conservatives and the Higher Ed ‘Bubble,’ ” Inside Higher Ed, November 15, 2012, https://www.insidehighered.com/views/2012/11/15/conservative-focus-higher-ed-bubble-undermines-liberal-education-essay.

自治能力，而是環境，一個資源匱乏、破壞殆盡和混亂無序的環境。

「人類將從自然與必然中解放」，只是個虛幻的允諾，除了信仰以外別無基礎，但我們這個時代卻對此深信不疑。當代人經常指責宗教無法從證據得出正確的結論，但在我看來，美國政治人物和高教機構以資源分配為由，連連降低全人教育的地位，去應對眼前的預算危機，才是真正的信仰之躍（leap of faith）。但會面臨這種困局，就是因為我們疏忽了傳統的全人教育，而如今我們又想把預算危機當成藉口，進一步放棄全人教育。眾所周知，如今的預算危機，是人們以為自己可以無限制地消費，以為有了新型態的經濟和解放政治，就可以過著沒有節度的生活，想要什麼就伸手去拿。欲望就是消費的理由，只需欲望就足以餵飽我們。結果，我們不只身體，連心智也變得笨重癡肥，放棄管理自己內心的食欲，最後就是不得不祭出斷食的狠招。

如今的高教院校裡有著大量討論這場預算危機的研討會和分享會，方便大家聚在一起哀嘆缺乏監督、監理制度鬆懈、公私部門未能盡責發放信貸，或是金融商品愈發複雜等等問題。但從來沒有一個大學校長或是學術領袖願意承認，高教機構應該對社會和學生的失敗負責，菁英階層更是沒有這種擔當。畢竟，造成大學預算困境的，就是這些在政治組織和超級金融機構裡任職的菁英院校頂尖畢業生，偏偏他們在整個國家的經濟秩序中，又掌握著非凡的權力和影響力，他們的母校自然會以這些傑出校友為榮。至於那些讓社會愈來愈貪婪，或是搞出各種「財富自由」詐騙案的畢業生呢？他們是否也在大學學到了不正當的手段與價值觀呢？

如果想要復興古典時代的思想，就必須重新建立全人教育。因為現在雖然還有不少全人書院（liberal arts college），但都受到太多「新學問」的影響了。這些學校無論招生還是升等，都逐漸以「研究生產力」為重，愈來愈多教師出身自以「創造新知識」為優先的研究型大學，他們甚至內化了這種價值觀，將之視為最優先的目標，但這明明就不是全人書院的教育目標。因此，許多全人書院都開始仿效研究型大學，義無反顧地追求學術成就，甚至把名字從「書院」改成「大學」。[11]

然而，他們的努力並非沒有意義。雖然已經是「羊皮紙珍本」，但這些學校終究

11 校名變遷的歷史很值得參考：https://en.wikipedia.org/wiki/List_of_university_and_college_name_changes_in_the_United_States.

保留著古老的傳統。聽到「全人教育」，美國人腦中往往會清楚地浮現出全國各地那些有宗教背景的學校。這些書院會成立，多半都跟它們所屬的社群有點關係；或許是宗教傳統，或許是跟他們極力維持的某種職業前景有關，或許是跟在地「耆老」有緊密的連結，或許是對當地有強烈的認同，學生也是以當地人為主。這些學校雖然教授自由的技藝，但並沒有教學生如何擺脫土地和祖先，而仔細教導他們來自怎樣的文化傳統，加深他們對信仰本源的理解，去同意，而不是對抗信仰，並希望他們回歸出身的社群，為替社群將來的延續與福祉做出貢獻。

追根究柢，全人教育所談的自由，並不是把學生從背景的限制「解放」出來，反而是教導他們如何在自己的文化傳統裡扎根，某種程度上，這是一種節制的教育。一般來說，無論是因為「這樣做比較正確」，還是因為「正直的人會這麼做」，推崇節制都跟宗教傳統有關。大多數宗教立學的全人書院不但要求學生熟悉以《聖經》為中心的經典作品，也期許學生養成相應的行為，而這些在課堂上學到的美德，只要持續實踐就會成為慣習。因此，全人書院往往會強制參加禮拜或彌撒、禮拜時的規則、受成人監督的課外活動，或是必修倫理學（通常由書院院長負責指導），力求將課堂上的人文和宗教研究，和學生的日常生活結合。

這種教育是基於古典主義或基督教傳統下的自由，其宗旨並非讓學生學會自主，而是了解自己和環境的連帶關係，以及自治的必要性。農民作家溫德爾．貝里說得好，人類的行動和行為都有根本性的限制；這個事實聽來絕望，其實不然。相反地，限制可以幫助我們回歸本真，回頭品味那些我們因為相信自己沒有極限，而一直忽略的歷史遺產。我所認識的每種宗教和文化傳統，都承認我們雖有動物的本性，但也強調我們是**人類**，也就是說，我們既能像動物一樣在自然的限制中求生，也能在自己創造的文化裡存活。身為生物界的一分子，無論我們眼中的自然是「地球」和「生態系統」，還是「避風港」和「容身處」，都必定要在這個環境中努力求生。但身為人類，我們卻可以選擇仰賴鄰里關係、組織管理、節儉、節制、慷慨、關懷、仁慈、忠誠和愛心來面對這必然的限制，而這一切都必須靠著自我約束才能運作。[12]

以文化傳承為基礎的教育會從自然出發，靠著農業、手工藝、祭祀活動、故事、

12 Wendell Berry, "Faustian Economics: Hell Hath No Limits," *Harper's*, May 2008, 37–38.

記憶和傳統等方式與自然共處。它不像當代學科一樣，不會試圖統治或征服自然。畢竟，教育的基本責任之一是傳承文化，而不是拒絕或超越文化。對文化抱持適當的尊重並盡心傳承，是為了防止人們恣意地破壞、剝削自然，或是像諾斯底主義（Gnosticism）一樣輕蔑人類世代累積的成果；如此，我們才會懂得提防「批判思考」教育那種無所依靠、無處依歸的哲學，不去鼓勵學生相信只有像全球經濟體系所稱許的那樣居無定土、四處巡迴才叫「成功」。

全人教育的自由，並不是單單從「先祖」或自然之中解放出來，而是學會在限制中自處，並學會關心世界、土地與人，有了這些他人施加的限制，個人甚至整個世代才不會聽信誘惑，以盜火的啟蒙之神自居，或是濫用智慧與精力逃離自然的限制與約束。特別是在這個時代，我們已經很了解如果只活在當下，忘記祖先們教導的量入為出（無論是經濟上還是環境上），會有什麼後果，此刻已經是時候擺脫極端的現代主義了。為此，我們應當積極重振全人教育的理念，改變對自由的理解，學會接受自然和文化對個人施加的正當限制與約束。正如古典思想和基督教傳統所讚揚的一樣，自由不是擺脫束縛，而是學會控制欲望，從而獲得更真實的自由，也就是不受欲望奴役的自由，以及不要耗盡世界資源的自由。簡而言之，就是把全人教育從自由主義裡拯救出來。

第六章

新貴族階級

在如今的左右文化對立中，雙方都極力擴大個人自主權，推展培根的征服自然計畫，幫自由主義推動國家主義、市場至上論和解放運動，學生也完全被塑造成這個「解放」體系的工作人員。愈來愈多人上大學只是為了學習「實際」的知識，也就是和經濟或科技業界直接相關的課程，完全沒意識到「實際」也包含了如何跟配偶、父母、鄰居、同胞和全人類相處。

隨著世界各地的菁英學生被揀選到一起，專攻溫德爾．貝里所謂意在「向上流動」的學問，以在未來過著沒有文化根基的流浪生活。教育也成了一個雙層體系，菁英大學的教育方式就像露天開礦，它們在每座城市、城鎮和村莊探勘並奪取有經濟價值的原料，運到遙遠的地方加工，再把生產出的產品拿去貢獻其他地方的生產力。而生產原料的地方則像是蕭條的煤礦鎮，資源都被開採一空，盡數出口。這些學生會為了自己的經濟利益、發揮無限的「潛力」和適應終身的失根，而接受「身分政治」和所謂的「多樣性」。但從全世界的尺度來看，他們的身分認同和多樣性其實相當同質化，因為全球菁英會一直流動，彼此必須容易互相取代，所以必須融入這種同質性；正因如此，全球菁英很容易就能認出眼前的人是否跟自己一樣，生活在沒有文化根基、沒有土地連結的世界，而這個世界最重要的特徵，就是毫不關心身邊鄰居和社群的共同命運，只接受全球化自由主義的規範。這又導致了全球性的不負責任，二〇〇八年經濟危機就是因為這種不負責任的經濟互動才發生的；雖然當年的危機在「社會正義」的呼籲下有所緩解，但整體來說，這種「正義」所依靠的也是國家冰冷無情的機制。自由主義能傳播得這麼廣、這麼深入，其中一個原因就是它悄悄地鼓勵所有人擁抱這種自戀，同時又讓人們深信自由主義是種仁慈的思想。

高階的分析性、概念性職務屬於離鄉背井的菁英學生，剩下的人則被留在原本的小地方，從事低薪、沒有前景的服務業，在經濟困境中掙扎求存。有些人留在貧困的邊陲地區，有些人則搬到菁英聚集地的郊外；為了應付瘋狂的房價，他們只能棲身於擁擠的三流都市住宅，或是住得更遠一點，遠離工作和娛樂場所。這些人身上往往有難以償還且不停增長的債務，來源主要是大學貸款和房屋貸款，儘管如此，社會還是一直要求他們多多參與經濟活動——也就是消費，而這無疑又會讓他們積累更多債務。雖然這些人普遍生得不少，家裡多少會有一個子女能抓住機會往上爬，特別是爬上頂尖大學的階梯；但整體而言，如今的社會階層已經相當僵固了。

不過，既然有向上流動，當然也有向下流動，再加上競爭已經全球化，沒有一個階級能逃過這種焦慮。由於社會地位基本上是由地位、收入和生活空間構成的，所以它往往充滿了比較，令人無法心安。雖然自由主義的普及，確保了個體比以往任何時代都更不受出身、種族、性別和地域等無法控制的機運影響，但現在的學生也幾乎個個都困在經濟的零和賽局之中。我們需要批判追名逐利的風氣和花一輩子累積履歷的歪風，並不是因為當代教育失敗，而是因為如今的學生從小到大都被灌輸這樣的觀念：一個人會成為社會上的贏家還是輸家，幾乎完全由學歷決定。今天的學生受困於古人所謂的「奴僕教育」，普遍拒絕全人教育，因為他們的父母和整個社會都反對後者。自由主義興盛，就意味以往為自由人開設的教育終結。

菁英院校最重要的訓練，是教學生們學會合作，以在面對非菁英出身的學生時保持競爭優勢，但同時也要了解，這種合作關係仍然是為了競爭的體制而存在。不管是友誼還是浪漫關係，都跟國際結盟一樣，必須符合個人利益。保守派政治學家查爾斯・莫瑞（Charles Murray）在他的大作《分崩離析》（*Coming Apart*）中指出，儘管穩定的婚姻對人生各方面的成功均有助益，但最有可能跟伴侶穩定走一輩子的，往往是社會上的菁英分子。[1]相反地，社會底層的人則飽受家庭和社會關係失能的戕害，無論是他們自己，還是他們的子女，都幾乎不可能躋身上層。菁英們普遍刻意不談他們相對成功的家庭背景，但穩定的婚姻確實是一種上層社會的競爭優勢；而自由主義認定組建家庭是個人的選擇，甚至是對自主的妨礙，又放大了家庭帶來的優勢。在這些強者的手中，家庭的內涵變成了某種霍布斯式的自然狀態，也變成了他們壓制弱者的工具。

教育體系被扭曲成自由主義的工具，最後造就了一個強者壓制弱者的新貴族體制，社會階級也變得更深刻、更牢固。儘管這是自由主義者最不願看到的結果，但從各方面來看，正是他們的作為，特別是對教育機構所做的一切，導致了如今的局面。自由主義的成功導致了它的失敗：它宣稱要推翻強者壓迫弱者的貴族體制，最終卻締造了一個更強大、更穩固的新貴族體制，死命捍衛著自由主義的不公正結構。

1 Murray, *Coming Apart.*

古典自由主義：新貴族體制的來源

自由主義的正當性和人氣，來自於它揚言要摧毀和取代過去的貴族體制。它抨擊世代承襲的特權，推翻先天注定的經濟地位，廢除穩固不變的社會身分，主張建立一個重視選擇、才能、機會和專業的開放社會。諷刺的是，一個享有世襲特權、先天經濟地位和穩固社會身分的新貴族，卻因此而誕生。自由主義的先鋒不曾隱藏推翻舊貴族體制的野心，也從未掩飾創造新貴族體制的希望。有些人默許自由主義的野心，是被憎惡舊貴族的恨意蒙蔽了雙眼；有些人被自由主義吸引，則是因為相信自己可以加入新貴族的行列。自由主義最一開始，就像羅爾斯的「原初立場」（original position）一樣，人們被一層「無知之幕」（veil of ignorance）籠罩著，不知道自己走出布幕以後會有什麼處境，只知道一走出去，就可能會成為贏家，也可能成為輸家。但自由主義者並未像羅爾斯所設想的一樣，積極建立相對平等的經濟和社會，而是選擇了成王敗寇的世界，因為他們預期自己會成為贏家。這些鄙棄根基與連結，追求物質和冒險，偏愛多變社會且安於不平等的人，不但堅信自己會成功，還再三強調舊的貴族體制有多麼不公正，吸引未來的失敗者一起支持新的貴族體制。

洛克就曾在自由主義的根本經典《政府論·下卷》中，就曾明白指出新的政治和經濟制度將造就一批新的統治階級。在最重要的〈論財產〉一章中，他就把世界上的人分成兩種，一種「勤勞理性」，一種「怨天尤人」。他指出在史前時代，這兩種人應該都為數不少，但當時的經濟自給自足，沒有私有財產制，所以兩種人也沒什麼差別。在那個時代，人類只會採集生活所需的食物和資源，沒有人會注意到天賦、才幹和努力的差異。洛克以美洲印第安人為例，說明在自給自足的「史前社會」中，人們不會注意到「勤勞理性」和「怨天尤人」的差別。在當時，就算是比爾·蓋茲和賈伯斯，也要每天忙著打獵釣魚，完全無法發揮他們的潛力。

然而，如果這兩種角色的區別一直沒有浮現，洛克是不可能描述這些人的。在他生活的時代，這兩種人的區別已經很明顯了；而在他的筆下，當時的世界是由錯誤的人在統治，也就是那些「怨天尤人」的人。他寫道，世襲的統治者不但懶惰、自負，又沒有人能挑戰他們、與之競爭，而這些人卻還能不斷抱怨。他認為應該讓另一個群體，也就是「勤奮而理性」的人來取代這些統治者，但是那些只會發牢騷的貴族卻壟斷了財富與權力，讓傑出的人無法充分發揮才能。

然而，貴族制底下的平民雖然沒有權力也沒有財富，但就算換了新的制度，他們也不會更有機會成為統治者，那為什麼他們會支持讓新的統治者取代舊的統治者？洛克原則上也承認，他認為過往基於世襲地位與財富的貴族制，應該被新的貴族制，也就是傑佛遜說的「天生的貴族」（natural aristocracy）取代；在這個體制裡，只有比一般人更「理性」、更「勤奮」，才能爬上更高的地位。但誰比較「理性」和「勤奮」，其實是隨機的先天條件，就跟以前誰會生在貴族家庭一樣。成為統治階級的標準雖然變了，但誰符合標準還是同樣隨機。

在這裡，洛克繼續用北美洲來舉例，主張社會如果由「勤勞理性」的人來統治，生產力和產業價值都會提高，進而增加所有人的財富：

> 容我再補充一點，憑自己的勞動將土地據為己有，並不會減少，反而能增加人類共同的財產：拿人類賴以維生的食物來說，一英畝私有耕地的糧食產量，起

碼比同樣肥沃的一英畝荒地多了十倍……因此，美洲雖有大片的富饒土地，但這些土地上的君王無論在飲食、穿著、居住上，都比英國的日薪勞工還要差。[2]

從這段話可以看出，洛克雖然承認新的經濟、社會和政治模式也會造成普遍的不平等，但他認為這樣仍比被「怨天尤人者」統治的不平等更可取，因為新模式會讓每個人都享有更好的物質生活。只要地位較低的公民能享受到更多的財富，不平等就比較可以忍受。但洛克也告訴我們，新制度下的不平等很可能讓世界無限分化。在自給經濟裡，統治者和被統治者的物質生活幾乎完全平等。貴族制雖然有明顯的等級和地位不平等，但這些差異相對來說是無法改變的。而在洛克提倡的自由秩序下，人與人的尊卑卻是以經濟水準來區分，這種不平等的差距會經常變化，規模也會不斷擴張。要緩和富貴與貧賤、贏家與輸家、統治者與被統治者之間日益擴大的嫌隙，以及從中湧出的屈辱、蔑視、怨恨或憤怒，就必須保證物質條件能不斷成長下去。

2 Locke, *Second Treatise of Government*, 23, 26.

自由主義的存在成了一個賭注：不靠壓迫和暴力，而是利用人民的默許消滅不公不義的舊制度，以推崇不平等的新制度取而代之，而這份默許的前提，是物質的繁榮能不斷增長，並在理論上維持階級流動的可能性。

古典自由主義者現在仍繼續推行這個方案，認為它不僅可以接受，而且值得讚揚。在洛克死後幾百年，甘迺迪又喊出了「水漲船高」（a rising tide raises all boats）的口號，說服人民相信雖然社會頂端和底層之間的差距像海嘯一樣巨大，但就算是最破爛的小船，也有機會從中撈到好處。（後來的雷根也常把這句話掛在嘴邊。）但要維持這種成長，就必須積極征服自然，密集開採每一種可能有用的資源，發明可以增加直接價值的工藝和製程，而不顧慮將來的代價與後果。洛克的論點是，只要財富和繁榮持續增長，就能替代社會的凝聚力和連帶關係。著名的自由放任主義者海耶克（Friedrich Hayek）更說，只要社會追求「經濟快速發展」，就必定會助長不平等：「這麼快速的進步無法一口氣到位，只能一波一波進行。」[3]海耶克和洛克一樣，知道一個快速發展並有著嚴重經濟不平等的社會，只有靠著不斷加速的進步才能平息不滿：「只有在整體都快速進步的社會裡，才有辦法讓大量的人都取得成就；在靜態的社會裡，往下掉的人數與往上爬的人數不會差太多。所以，想讓絕大多數人都能享受進步的好處，社會就必須用很快的速度進步。」[4]

海耶克承認，自由主義社會造成的不平等，絕不會少於被它取代的舊秩序，但自由主義不斷變化和進步的承諾，卻博得了所有人的支持。他相信，無論自由主義的不平等再怎麼嚴重，就算嚴重到遠遠超過古時候農民和國王之間的差距，人們還是會普遍認同這種政治和經濟制度。

不過，當今的人其實已經愈來愈懷疑，自由主義到底能不能繼續維持承諾。我們同時面臨著自然的限制和市場資本主義的衰弱，氣候變遷不斷加速，顯示著我們為過去二百年的經濟成長，付出了多少代價，但繁榮卻愈來愈難遍及社會的各個角落。近年來的世道完全印證了美國作家馮內果（Kurt Vonnegut）在他第一部小說《自動鋼琴》（*Player Piano*）中的預言，市場資本主義的鐵律是不斷尋找新的低工資市場，或

---

3 F. A. Hayek, *The Constitution of Liberty, ed. Ronald Hamowy* (Chicago: University of Chicago Press, 2011), 96.

4 同上，頁95–96。

是用機器、電腦取代人類，以便持續壓低工資，讓愈來愈多的工作變得乏味、沒有尊嚴，只有極少數例外能倖免於難。這又回到了洛克提出的基本賭注，也就是無論社會有多不平等、階級流動和提升地位有多困難，只要體制能提供舒適的物質生活，就還是可以滿足社會上大多數的人。經濟學家泰勒．科文（Tyler Cowen）是當今洛克自由主義的旗手，他在《平均已經結束》（*Average Is Over*）一書中重申了洛克理論的基本輪廓。科文同意，自由主義和市場資本主義確實造成了永久的不平等，其嚴重程度遠遠超過以往的貴族，而且他認為我們正處在美國歷史上一個特殊的時期，人們普遍多少相信平等和國民之間有共同的命運，而這個時期就快結束了，不久過後美國就會分裂成兩個獨立的國家。然而，他在書的最後一章〈新的社會契約？〉（A New Social Contract?）中，卻主張自由主義將繼續獲得大多數人的支持：

在未來的社會，我們不用再假裝每個人都享有良好的生活，每個人都比現在更自食其力。我猜想在那個世界裡，會有百分之十到十五的公民非常富有，過著舒適精采的生活，他們就像是現在的百萬富翁一樣，只是享有更好的醫療……

> 以功績主義來詮釋收入不平等，整個體制就可以繼續自我強化。只要傑出的人總能擺脫貧困，人們就會更容易忽視落在後面的人。[5]

科文認為，大多數低工資的人會居住在像是德州一樣的地方，住在廉價的住宅、就業機會很少，政府的服務水準也很低。他建議，政治人物應該考慮把整個城市改建成一個房租低廉、網路免費的貧民窟，用虛擬世界來分散人們對貧困生活和精神枯竭的注意力，多數公民將永遠過著這種生活。儘管這樣的反烏托邦就是自由主義本來要對抗的貴族制，但科文並不認為自由主義會就此終結，也不會讓人們揭竿起義，推翻這種社會和經濟制度；相反地，他在書的結語裡充滿希望：「我們可以想像，未來會充滿廉價或免費的娛樂，甚至有一點像是馬克思的共產主義烏托邦，只不過它是由資本主義造就的。而這才是隧道盡頭真正的光明。」[6]

---

5 Tyler Cowen, *Average Is Over: Powering America Past the Age of the Great Stagnation* (New York: Dutton, 2013), 258.

6 同上。

強者統治

現代早期的自由主義認為，只要個體能夠自主，新的體制就會帶來截然不同的物質成就。麥迪遜在世界上第一個自由主義國家的開國之初就說過，「政府的首要目標」是保護「人類才能的多樣性」。他在《聯邦黨人文集》的第十篇指出，「當不相同和不平等的財產獲取能力得到保護，人們就會立刻將不同程度、不同種類的財產據為己有。」在美國憲法中，政府的首要目標是保護「多樣性」，多樣性最主要的表現是各種不同的經濟成就，也包括這些「能力多樣性」產生的所有差異。而自由主義政治就是對這些不平等的辯護。第二波自由主義思潮，也就是進步主義者則認為，第一波自由主義所造成的嚴重不平等，已經妨礙了人們實現真正的自我。這些後生晚輩同意，第一波自由主義確實成功推翻了舊時代的貴族政治和經濟模式，但他們也認為，自由主義的成功造成了新的病徵，有必要徹底改造一番。一般認為，當代自由主義不像古典自由主義一樣鼓勵經濟自由和分化，反而強調經濟平等的必要性。

但是當代自由主義提倡經濟平等，並不是為了達成和古典自由主義相反的結果；事實正好相反，它是想要進一步削弱已經被古典自由主義重創的各種社會型態和文化傳統，一步步將政治整合到單一的中央政府底下。古典自由主義認為要達成這個目標，最好的做法是限制政府對個人的權力。而對進步自由主義來說，最好的方法卻是賦予國家更多權力，均分社會日益繁榮的成果，並且更積極地干預教會、家庭，甚至人類的性行為。

儘管如此，進步自由主義博取大眾支持的方法，跟它的前輩並沒有什麼不同，都是強調新方法能夠矯正當前制度的不公，也就是修正市場資本主義帶來的經濟差距。然而，先不管經濟正義和改良市場的訴求從未實現，這些訴求並不是為了讓社會更平等，而是為了瓦解多數人幸福生活所仰賴的社會結構和文化習俗，以確保脫離文化規範和限制的人可以繼續過著解放的生活。儘管從未成功，但進步主義努力弭平經濟差距的動機，是來自更深層次的自由主義思維，也就是讓每個人都同樣有機會能逃離人與人之間的糾纏，特別是逃離共同的文化規範、制度和連結等等將眾人命運綁在一起的東西。進步主義的主要目標是解放菁英，要讓這些人崛起，就得摧毀規範、中介體制和緊密的社群，而這麼做自然會犧牲這些社群固有的生活方式。最諷刺的是，雖然當今的政治主要是古典自由主義與進步自由主義之間的衝突，但無論是經濟還是個人，都只有愈來愈解放。這是因為進步自由主義始終都不是古典自由主義的敵人。它真正的仇敵是「柏克主義」（Burkeanism）的生活方式，也就是大多數人的生活方式。

十九世紀的進步自由主義先驅保留了古典自由主義的主要願景，相信個人必須從任何隨機或者不是出於自己選擇的關係中解放出來，並重塑整個世界，讓個人主義傾向較明顯的人可以恣意發展。而在自由主義者裡頭，最相信這點的莫過於彌爾，他堅信如果要打造一個完全自立自強的新統治階級，這種解放就至關重要。他主張要改造整個社會，以保護這些人的利益，讓他們能擺脫意外和環境的限制，不因獨特的差異而受到宗教戒律或社會規範壓迫。換句話說，彌爾認為必須推翻「習俗」，讓希望擺脫規範、憑個人選擇生活的人獲得最大的自由。

保守評論家尤李文（Yuval Levin）認為「左右大辯論」始於埃德蒙．柏克與湯瑪斯．潘恩之間的分歧，但實際上，當代的「文化戰爭」主要還是來自重視直觀的柏克主義者，和堅定的彌爾信徒之間的差異。有些人聽我這麼說可能會很驚訝，因為彌爾常被看作是保守主義，特別是自由放任主義（libertarianism）的朋友。但彌爾並不是保守主義者，從他一八五九年在《論自由》（*On Liberty*）這本經典著作中提出的論點來看，他根本就是現代自由主義的助產士。很多信奉他的自由放任主義者都認為，彌爾提出的「傷害原則」（harm principle）是在討論如何避免政府干涉個人自由，但彌爾真正關心的還是民意可能形成的限制。《論自由》一開篇就指出，在他那個時代的英國「與歐洲大多數國家相比，民意的枷鎖或許比法律的枷鎖更沉重，人們非常忌憚立法權或行政權直接干預個人的行為。」[7]當時，人民主權的光芒才剛展露，他就意識到在未來的某一天，民意可能會直接轉化成有人民授權的政府強制力；但在那一刻，「大多數人都還沒有學會要把政府的權力視為自己的權力，或將政府的意見視為自己的意見。」彌爾在乎的不是強制性的法律，而是壓迫性的輿論。

壓迫性「輿論」的形式主要是一些常民道德觀，也就是彌爾屢屢痛斥的「習俗」。雖然他有時會認為，好的社會需要在「進步」和「習俗」之間取得平衡，但整

7 John Stuart Mill, *On Liberty*, in Gray, *On Liberty and Other Essays*, 12–13.

體來說，他還是認為習俗是自由的敵人，而進步是現代化社會的基本目標。遵循習俗就是徹底放棄思考，在精神上故步自封。「人類只有在做選擇的時候，才會運用到自己的感知、判斷、辨識能力、心理活動乃至於道德傾向，而因循習俗做出決定，並不能算是做出選擇。」[8]

彌爾承認習俗一度很有用，因為在更久以前，如果「身體或心智強大的人」打算蔑視「社會原則」，「法律與教條就能像當初對抗王權的教宗一樣，發揮凌駕於個人的權力，控制他們的生命，進而控制他們的人格。」[9]然而，習俗的掌控力已經過於全面，而且「對人類天性最有害的，並不是衝動和欲望太過，而是不足。」[10]彌爾的最終目標，是解放人類個性中受到本能驅使、富有創造力、不可預測、不合常規，而且往往粗魯不文的那一面。一旦那些受過最多教育、最有創造力、最具冒險精神，以及最強悍的非凡個體能夠擺脫習俗的限制，就有可能改變社會。彌爾承認，「天才往往只占了一小部分」，然而這些「比任何人都特別」，難以「在不受傷害的前提下擠進社會上寥寥幾種框架」的人，需要「自由的氛圍」。[11]為了這一小部分人的利益，社會必須整個打掉重練，但在彌爾看來，這一小部分的人卻至關重要。在以習俗為基礎的社會裡，個體性會受到壓抑，而最渴望從這種枷鎖中解放出來的並不是「一般」人，而是那些需要打破習俗約束才能成長茁壯的人。為了這些人，彌爾呼籲社會應該以「生活中的實驗」為中心，就像一根為「更有個性」的天才而存在的試管。

我們如今就生活在彌爾說的世界，隨時隨地參與著生活中各種實驗。現在已經沒有習俗這回事了，人們說到文化時，不管指的是不是「流行」文化，聽起來都有點嘲弄諷刺的味道。而深夜節目就是這種諷刺的佈道大會。整個社會已經徹底轉向彌爾的願景，人們叫嚷著「不要妄加評判」（nonjudgmentalism），結果真正有判斷力的人都成了過街老鼠。

彌爾本人比他的當代信徒更清楚，這會導致「平凡人」被「超凡者」支配。因為只有社會上最「先進」的人得到更大的政治代表性，才有辦法拆除習俗。在彌爾的想

8 同上，頁65。
9 同上，頁67。
10 同上，頁68。
11 同上，頁72。

法裡，這需要靠投票權的分配不平等來實現，也就是讓受過高等教育的人擁有更多選票。他還認為在比較不發達的社會裡，還可能有必要直接奴役低階人口，直到這些人也完全踏上進步的道路。換句話說就是逼他們去工作，讓他們只關心自己的經濟生產力，而不是浪費時間去做禮拜或從事休閒。

在歷史上，美國人很少對柏克的哲學有興趣，但卻一直在實踐著柏克主義。大部分人都是依照習俗過活，遵守著美善人生所必須的基本道德觀念。要尊重權威，敬愛父母。要有謙虛和恭敬的風度。要避免淫邪與放蕩的舉止。結婚後才能有性行為。結婚以後當安於婚姻。要生養子女，而且要生養眾多。要量入為出。要感恩並誠信上帝。要尊敬長者，明白並謹記前人的貢獻。

彌爾認為這些行為是不經思考的習俗，但柏克卻稱許它們是一種重要的「成見」（prejudice）。他在《對法國大革命的反思》（*Reflections on the Revolution in France*）中這麼說：

> 在這啟蒙的時代，我寧願鼓起勇氣承認，我們每個人幾乎都有一種先於教化

的感覺；我們不該拋棄這種固有的成見，而是該好好珍視它們……我們害怕讓每個人都憑著有限的理性去生活和交易，因為我們懷疑多數人的理性恐怕有限，也懷疑表現更好的人會因此利用時代與國家的財富和資本……成見能使一個人的美德成為習慣，而非一個個毫不相關的獨立舉動。憑著正確的成見，就能將職責化為本性。[12]

彌爾害怕習俗會變成民意的暴政，但柏克卻認為這種暴戾的衝動更常在「改革者」身上出現，反而是有成見的人比較能克制這種衝動。可怕的是不受約束的強者，而不是循規蹈矩的普通公民。柏克看出了變革與暴戾的衝動之間存在密切的關聯，也知道萬一讓那些英明神武的傢伙拿到了民意正當性的玉璽，這種關聯又會隱含多少危害：「創新精神往往來源於自私的性情……如果不保持警惕，（民主主義者）就會一

12 Edmund Burke, *Reflections on the Revolution in France*, ed. J. G. A. Pocock (Indianapolis: Hackett, 1987), 76.

面以極盡藐視的態度對待社會中卑微的群體，一面假裝把權力交給他們。」[13]

當今社會的核心原則是「一切都可以允許」，而少數的禁忌或許只有不能造成可見的傷害，而且主要是對生命財產的傷害。這樣的社會正如彌爾所言，是一個為強者利益而存在的社會。相反地，在柏克的社會裡，強者和普通人都應當遵守相同的社會規範，絕大多數人都能從中得益，這是一個為普通人利益而存在的社會。一個社會可以選擇為多數人的利益著想，強調非正式的規範和習俗，確保眾人的繁榮；也可以選擇把所有人從習俗的約束中解放出來，為非凡強者的利益服務。曾經，我們社會的基礎，是為了眾多的普通人謀福利；現在它主要的目標，卻為了協助少數強者獲取利益。

自由貴族如何得道升天

這場文明轉型的後果隨處可見。經濟上的贏家和輸家在現代社會愈來愈重要，前者是望著受過高等教育的認知菁英（cognitive elite），他們聚集在富裕的都會和周邊城鎮，享受全球化經濟的獎勵；後者則是被拋下的人，只能留在所謂的「飛越地帶」

（flyover country）[14]，一面撿拾贏家留下的麵包屑，一面沉入全球化經濟的泥淖。美國前勞工部長勞勃・萊許（Robert Reich）和歷史學家克里斯多福・拉施（Christopher Lasch）在數十年前就觀察到這種趨勢，稱之為「菁英叛亂」（revolt of the elite）和「成功者分離主義」（secession of the successful）；時至今日，這已經不是趨勢，而是由家庭、社區和學校所建立的制度，並隨著世代傳承不斷複製。[15]成功者的子女從小就受到各種栽培，準備加入統治階級，而缺乏成就的父母既沒有能力負擔，也根本不了解讓子女往上爬需要哪些栽培。

查爾斯・莫瑞和政治學家羅伯特・普特南（Robert Putnam）也巧妙說明了這股自我延續的階級分化如何深入美國現代社會。[16]莫瑞以富裕的美崙城（Belmont）和

13 同上，頁29、49。

14 譯注：美國菁英通常往返於東西兩岸，不會停留內陸州，因此這些地方被戲稱為平常飛過去的地帶。

15 Robert B. Reich, "Secession of the Successful," *New York Times*, January 20, 1991; Christopher Lasch, *The Revolt of the Elite and the Betrayal of Democracy* (New York: Norton, 1994).

16 Murray, *Coming Apart*; Robert A. Putnam, *Our Kids: The American Dream in Crisis* (New York: Simon and Schuster, 2015).

破落的漁舍庄（Fishtown）這兩個虛構城鎮，說明有權有勢的富人不但家庭和婚姻比較穩定、離婚率和未婚生子機率較低，吸毒率和犯罪率也比較低；而從上述指標來看，漁舍庄隨時都會陷入無政府社會。在莫瑞看來，美崗城只需要實踐他們宣揚的美德，宣傳這些美德的益處，而不是鼓吹彌爾式「實驗主義」和價值相對主義，就能讓漁舍庄的居民學會如何獲得成功。普特南則敦促政府加強援助經濟落後的公民，並提出了一系列計畫來幫助他們斬斷向下流動的鎖鏈。

但這兩人都忽略了，按照經驗觀察來說，階級分化並不是自由主義扭曲的結果，而是它正常實現的樣貌。從一開始，自由主義就主張建立新的貴族階級，只不過它先改變了體制的意義，使其從給予支持的力量，變成限制個體的阻礙，再將舊體制崩壞後，從歷史、傳統、自然和文化中解放出來的個體拔擢成新貴族。由於先天性格、後天教養和偶然的機緣，這些渴望自主的人在體制的支持力量消失後，是最有能力獲得成功的。隨著家庭在自由主義下變成自主個人的跳板，整個社會不再遍布密集的人際網絡，一個人如果缺乏在自由社會成功所需的優勢，就會落入下層階級，而「成功者分離主義」又加重了他們的劣勢。因為在過去，社會和經濟菁英常會積極投入家鄉的慈善事業，並協助建立公民社會，但如今這些人都集中到少數繁榮地區，也帶走了自己的資源。

莫瑞相信，菁英們是因為進步主義的成見，才會執意否認安穩家庭的美好，不願以那些幫助他們維持社會地位的美德為榮。但他忽略了另一個理由：自由貴族很清楚自己是靠著穩定的社會制度來維持自己的地位。沒錯，彌爾的信徒竟然把社會制度當作跳板，實在諷刺至極。但在一個失去所有習俗，沒有機構負責傳承文化規範、養成責任感和培養基本美德的世界裡，活得最好的也是這些人。雖然當這些機構消失殆盡後，無論哪個階級的家庭都不再穩定，但很快地，家庭又會循著自由主義的價值重新建立；只是當社會支持消失後，人們就必須用金錢購買支持系統，於是就出現了保母、園丁，以及現代家庭教師（如SAT補習班預科課程）和奶媽（托兒所）等新的奴僕階級。新型態的家庭成了自由貴族延續的主要手段之一，正如古時候貴族出身是財富和地位的來源。貴族家庭的地位離不開土地和宅第，所以特別重視世代延續和長子繼承；而自由貴族家庭依賴的則是鬆散的世代聯繫、可隨身攜帶的文憑、可交易財富的繼承權，以及向上流動的前途。與此同時，許多洛克口中的「怨天尤人者」都因為家庭和相關的社會規範毀壞，而落入難以翻身的最底層，因為在傳統社會裡，很多家庭和弱勢者都仰賴這些社會組織和制度的支持；但自由貴族們對此卻默不作聲，選擇讓這些人承擔其他個體獲得解放的代價。

儘管洛克的古典自由主義偏重經濟，彌爾的進步自由主義著眼生活方式，兩者看起來一直相爭不下，但實際上，這兩派都持續推動著自由主義的發展。市場和國家都致力於摧毀社會規範、文化，以及原本有許多機構和團體能提供支持的社會生態（social ecology）。像莫瑞這樣的洛克支持者聲稱，自由主義產生的嚴重不平等可以藉由道德告誡來緩解；而普特南這些彌爾的支持者則認為，政府能夠取代公民社會，重建被自由主義政治摧毀的家庭。雙方都將世代不平等視為一種反常現象，而非自由主義秩序的重大成就。

雖然這些自由貴族是在自欺欺人，但大體上都沒有惡意，也沒有太多算計。柏拉圖曾在《理想國》中提出一種「高貴謊言」（Noble Lie），聲稱不僅要讓被統治階級得知政權的本質，更重要的是要讓統治階級也相信一樣的說法。[17]而自由主義是第一個嘗試這麼做的政權。在書中，蘇格拉底藉由「高貴謊言」這個故事，提出在「理想政權」下，公民們既相信每個人都是同一個家庭裡平等的成員，同時也相信每個人之間的不平等是符合自然的。在柏拉圖筆下「理想政權」只是一種哲學思索，但自由主義採用了另一個版本的「高貴謊言」，以建立類似的根本秩序，用每個人本質上平等的神話，引導人們相信不平等有其正當性。這個謊言不只是要鼓勵打零工的底層民眾相信，隨著自由主義秩序發展，自己的生活也會不斷改善，更重要的是教育自由貴族們真心以為自己不是新的貴族階級，而是過往貴族制度的對立面。最主要的手段，就是在表面上關心社會正義和弱勢群體。自由貴族從小就被鼓勵熱中於此，而且出力最多的，通常就是幫助他們晉升菁英的教育機構。而這些人在聽說《理想國》中的「高貴謊言」時，往往會痛斥柏拉圖的詭計，卻完全沒有意識到，他們自己也是地洞裡的囚犯，只不過地洞的四壁已經被人工設計的燈光給藏了起來。

17 譯注：出自《理想國》第三卷。高貴謊言提出人天生分為統治者、助手和一般公民，但統治者有可能生出一般人，一般人也可能生出統治者。當所有人都相信謊言，被統治者就能安於自己的身分，統治者也不會濫用權力欺壓公民。

第七章

劣化的公民意識

在現代，西方多數人眼中唯一正當的政治體制，普遍被我們稱呼為「自由民主體制」。在這裡，「自由」是修飾「民主」的形容詞，表面上似乎很重視「治權在民」這種歷史悠久的政體，但實際上描述的卻完全不是這麼一回事。「自由」一詞不僅是在形容我們施行怎樣的「民主」，而是重新定義了這種古老的政體；在這種政體下，人民不再是統治者，而是靠物質生活和軍事利益就能滿足的戚戚小人。同時，「民主」一詞又為自由主義提供了正當性，把它偽裝成以往需要人民擁有堅實的公民意識才能維持的那種政體。但當代的公民意識會劣化，就是因為自由主義重視私人事務多過公共事務，關注個人利益多過公民精神，著眼個人意見多過公共利益。

在古時候，民主一直被當作是低劣、腐敗的政府形式，但如今我們已經忘了這種懷疑，就算有人想起，也會認為那是落後、專制、不人性的想法。自由主義的巧妙之處，就是藉著人民的同意來樹立統治正當性，並安排管理縝密的定期選舉，同時建立能夠宣洩民主能量的社會架構，鼓勵人民建立分裂破碎的公共環境，確保政府由萬中選一的菁英人士組成。當然，如果自由主義只有這點本事，它的正當性很快就會鏽蝕剝落，因為沮喪的民眾遲早會意識到，普羅大眾其實無法掌控決策，民主的承諾根本無法實現；因此，自由主義真正的厲害之處，是它能夠一直不著痕跡地教育全體公民，讓他們把「民主」和自食其力、白手起家的理想個體劃上等號，也就是相信「表現性個人主義」（expressive individualism），同時接受一個遙不可及的政府用民主政治的光輝來掩蓋其龐大的權力，接受它靠著讓更多個體有機會體驗到自我實現，取得更深層的統治正當性。這樣的自由民主體制，其實是一個「自由帝國」，人民缺乏自我管理的精神去實踐積極正面的民主；但只要帝國配合人民的期望，以增強個人權利、權力與財富的方式擴張統治權柄，人民就會接受統治。自由主義放棄了民主政治的永恆挑戰，不再努力培養有教養的自我管理精神，轉而把政府當作一個獨立於人民的慈善單位，必須負責支援人民永無止境的物質欲望和不斷增加的身分認同。

反民主的自由主義

自由主義的擁護者經常注意到民主的危險，特別是不受限制的多數族群對少數族群自由的威脅。像法理德・札卡瑞亞（Fareed Zakaria）這些著名的政治觀察家都曾經指出，「反自由的民主」（illiberal democracy）崛起，是對當今政治穩定、個人權利和自由主義政經體系最主要的威脅之一。[1]近年來，世界上興起了一股民族主義民粹運動的風潮，比如整個歐洲都出現反對歐盟建立宗旨的聲音（特別是消除國界線制），英國決定「脫歐」，還有川普當選美國總統。為此，美國政治理論家威廉・高斯敦（William Galston）在他的《華爾街日報》專欄上高聲警告，表示「對於自由民主體制，最迫切的威脅不是獨裁，而是反自由的民主。」[2]時至今日，這些評論界的領袖依然和柏拉圖、亞里斯多德一樣，認為民主是一種危險、可憎的政體。不過，相較於古代哲人通常把民主歸為「邪惡」、「墮落」的政權，今日的思想領袖只要還能用自由主義的韁繩控制民主，就願意在概念上同意民主，因為他們認為自由主義能夠限制多數族群的權力、保障言論和新聞自由，並以憲法制衡政府。他們通常也傾向支持高度開放的市場和鬆散的國界，認為這些安排可以讓國內消費者的生活富足，同時增加全世界的經濟流動和貿易機會。

也就是說，民主必須在自由主義的前提下實踐，而且大致支持自由主義的各種面向時，菁英才會接受它提供的正當性。一旦多數族群以民主手段拒絕自由主義的某些面向，做出像是西歐和美國選民近幾年的選擇，意見領袖就會開始齊聲譴責民主和群眾的愚昧。美國菁英每隔一段時間就會評估是否該嚴格限制民主，他們相信民主會破壞專家偏愛的政策。特別是那些贊成讓自由主義超越民族國家，讓經濟更加一體化、更進一步削弱邊界限制的人，都愈來愈支持進一步限制民主。喬治城大學的傑森・布倫南是這方面的權威，他在《反民主》這本書中指出，選民向來消息不靈通，甚至根本對政治一無所知，因此民主政府終究會反映出選民的不足。[3]其他傾向放任主義的自由主義者，比如經濟學家布萊恩・卡普蘭（Bryan Caplan）、政治學家傑佛瑞・傅

---

1 Fareed Zakaria, "The Rise of Illiberal Democracy," *Foreign Affairs*, November–December, 1997, 22–43。札卡瑞亞隨後在他的著作中延伸探討了這篇文章，請見 *The Future of Freedom: Illiberal Democracy at Home and Abroad* (New York: Norton, 2007).

2 William Galston, "The Growing Threat of Illiberal Democracy," *Wall Street Journal*, January 3, 2017, http://www.wsj.com/articles/the-growing-threat-of-illiberal-democracy-1483488245.

3 Jason Brennan, *Against Democracy* (Princeton: Princeton University Press, 2016)。二〇一六年川普當選後，布倫南在《華盛頓郵報》的一篇文章中寫道：「多數選民在有關選舉的基本事實上都受到了系統性的誤導，如果他們了解更多資訊，就會拒絕許多自己贊同的政策。我們的政府品質低劣，因為選民不知道他們在做什麼。」「美國政府的問題就是民主。」

利曼（Jeffrey Friedman）和作家達蒙・魯特（Damon Root）也認為，由於缺乏教育和資訊的選民有反自由的傾向，讓他們行使民主不可避免地會威脅到自由主義的根本承諾，所以放棄民主或許是最好的做法。[4]而布倫南則是呼籲改用「知識菁英制」（epistocracy）來統治，這樣統治階層才會具備經過考驗和證明的知識，以便有效治理自由主義和資本主義下的現代國家與社會秩序。

這些當代自由主義者的立場並不新鮮，二十世紀初的學界領袖就提出過類似的論點：當時人們對行政國家（administrative state）的專業能力愈來愈有信心，而對選民的智識能力則抱持悲觀的態度。一九七三年，歷史學家愛德華・珀塞爾（Edward A. Purcell）出版《民主理論的危機》（*The Crisis of Democratic Theory*）一書，詳細記錄了早年的社會科學發現是如何導致民主理論陷入危機。當時有大量的社會科學資料都顯示美國大眾的智商普遍低落。這些資料包括史上第一批大規模的智力測驗，受測者是第一次世界大戰期間的士兵，而士兵一直被認為能夠代表，甚至優於一般公民的水準。類似的證據讓許多一九二〇、三〇年代的頂尖社會科學家呼籲大規模改革政府。[5]

一九三四年的美國政治學協會主席沃爾特．謝帕德（Walter J. Shepard）就呼籲，要從根本上重新思考美國傳統中對民主的「信仰」。因為已經有完美的證據指出，引導人們做出決定的不是知識和智慧，而是無知和衝動：「構成輿論的不只是理性，還有情緒、白日夢和激情……我們無法再相信**人民的聲音就是上帝的聲音**。」[6]謝帕德因此得出結論，認為民主不值得守護，理由也跟布倫南、卡普蘭、傅利曼等人差不多。他敦促其他政治家也拋棄對公眾不合理的信心：選民「身上的光環必須消失……普遍選舉只是教條，必須以教育和其他測驗體系取而代之，才能排除迄今為止

---

4 Bryan Caplan, *The Myth of the Rational Voter: Why Democracies Choose Bad Policies* (Princeton: Princeton University Press, 2007); Jeffrey Friedman, "Democratic Incompetence in Normative and Positive Theory: Neglected Implications of 'The Nature of Belief Systems in Mass Publics,'" *Critical Review* 18, nos. 1–3 (2006): i–xliii; Damon Root, *Overruled: The Long War over Control of the U.S. Supreme Court* (New York: St. Martin's, 2014).

5 Edward A. Purcell, *The Crisis of Democratic Theory: Scientific Naturalism and the Problem of Value* (Lexington: University Press of Kentucky, 1973), 98.

6 Walter J. Shepard, "Democracy in Transition," *American Political Science Review* 29 (1935): 9.

一直控制著選舉、沒有教養、缺乏知識的反社會分子。」[7]甚至連宣稱自己「深信民主」的教育家杜威，在跟李普曼（Walter Lippmann）的長期辯論中，也承認在這日益複雜的時代，公眾已經不太可能掌握必要的公民知識與能力，並認為需要有像惠特曼（Walt Whitman）一樣的詩人，用適當且容易理解的方式「呈現」複雜的政治和科學資訊，公民才有辦法應付複雜的現代社會。[8]

對普通公民「民主能力」的擔憂，不僅讓一些人公開批評民主，還有人實際嘗試要限制人民的統治權，但這些人在某些領域也宣稱自己是民主的支持者。某方面來說，進步自由主義者似乎很積極支持民主，許多強化直接民主治理的措施都是由他們提出的。進步時代（Progressive Era）的一大特徵，就是相信群眾的智慧，相信民眾可以透過倡議、罷免、公投等方式更直接掌控決策過程。而杜威的追隨者也藉此呼籲著普及教育，同時宣稱這會實現「真正的天國」。[9]

但同時，這些進步主義者也展現出一種看似矛盾的舉動。他們一邊呼籲強化民主，又一邊呼籲減少大眾對政策決定的影響力。進步主義者也背後推動著政府專業化，特別是改革公務員制度，舉行相應的考試，並減少行政部門中的政治任命官員，大幅削減了選舉的影響力——這跟他們在其他地方的作為完全相反。在他們打著政治專業化美名的努力下，政府官僚體系愈來愈龐大，行政也愈來愈「科學」。進步主義者也大力推動社會科學，特別是政治學。他們相信比起選民稍縱即逝的偏好，憑借這些學問才最能夠判斷哪些公共政策合理，並且妥善實施。在二十世紀初，許多早期政治界的人物——查爾斯・麥利恆（Charles Merriam）、哈羅德・拉斯威爾（Harold Lasswell）、喬治・凱特林（George Catlin）以及威爾遜總統都大力推動科學化的政治研究。隨著社會科學方法論崛起，客觀考量也取代了價值導向，成為公共政策的基礎。哥倫比亞大學的戈登・杜威（A. Gordon Dewey）曾寫過一句話：「沒有什麼比在本質上無關道德、只有事實的調查中摻入道德考量，更容易把人引入歧途的。」[10]

7 同上，頁18。
8 John Dewey, *The Public and Its Problems* (1927; Athens, Ohio: Swallow, 1954), 183–84.
9 John Dewey, "My Pedagogic Creed," in *The Early Works of John Dewey, 1882–1898*, ed. Jo Ann Boydston, vol. 5 (Carbondale: Southern Illinois University Press, 1967–72).
10 引用自Purcell, *The Crisis of Democratic Theory*, 95.

理解公眾輿論，是為了讓負責制定政策的人有個方向。因此，民主的功能只是讓人民表達偏好，蒐集個人的意見，然後整合起來，方便專業行政官員參考，以制定適當的政策。一九二〇年代的心理學大家埃爾頓・梅堯（Elton Mayo）曾主張：「我們非常需要一個世界性的行政菁英團隊。」[11]而今日的官僚靠著社會科學提供的客觀資料，已經能理解民主社會中不理性的無知大眾想要什麼，有時甚至能引導他們接受各種客觀來看十分優秀的公共政策。

打造枷鎖

打從一開始，社會科學家就不斷發現大眾缺乏公民知識和素養，對公眾事務漠不關心，又接觸了太多虛假資訊。這種認知在學界裡，已經變得像水的分子結構或者物理定律一樣，是客觀而且大致上無法改變的現實。諷刺的是，如今的自然科學已經注意到自然界的基本設定，特別是氣候會因為人類的活動而改變，但社會科學卻還相信所謂政治「素養」的指標可以反映某些事實。這些社會科學家已經在自由主義的理想中陷得太深，絲毫沒有察覺正是因為自由主義把人民塑造成以追求個人利益和目標為優先，才會形成這樣的「公民」。無論社會科學家從這些公民缺乏知識、對公眾事務冷漠的研究中做出的結論，是應該要放棄民主，還是要加強「公民教育」，都是出於相同的基本假設：自由主義可以矯正當代大多數的問題。只不過自由主義者從來沒認知到，造成這些問題的就是自由主義本身。自由主義者常常只關心現在，對自己的歷史和使命既不了解也不關心，但藉著這種「當下主義」（presentism），他們卻得以免於認知到自己為公民社會帶來的災難，並心安理得地宣稱只有更徹底的自由主義，才能修復這些災難。

公民素養、選舉參與和公共意識的長期缺乏並非偶然的問題，而且自由主義也無法修復這個問題；因為這個問題會發生，正是由於自由主義獲得了空前的成功。這是自由主義內建在「作業系統」裡面的目標，社會科學家眼中氾濫的公民冷漠和政治無知，正是自由主義秩序順利運作所導致的後果。

11 引用處同上，頁103。

儘管進步派和當年美國憲法的起草者之間有著許多差異，但雙方仍可說是一脈相承，內心深處都信任著自由主義的承諾；無論是古典自由主義還是進步自由主義，主導的思想家都同樣推崇由選民來統治國家，即便雙方都以追求良好政策的名義，積極減少選舉對政府制度的影響力。但說實話，討論美國大眾的「民主素養」其實滿奇怪的，而且可能搞錯了重點，因為制憲者們設計的政府架構，根本就不是為了實現民主。當年這些人在制定和捍衛憲法時，甚至直截了當地指出，憲法的目的並非民主政體。因為他們想建立的是共和政體，而非民主政體。這點從麥迪遜在《聯邦黨人文集》第十篇的名言就可以看得出來：「因此，民主政體一直是騷亂和爭議的舞台，長久以來都被認為無法與個人安全或是財產權相容；一般而言，民主的壽命都很短，而且總在暴力之中滅亡。有些政治理論家支持這種政府型態，因為他們誤以為只要人類擁有完全平等的政治權利，他們的財產、觀點和情感也會完全平等且相同。」12

麥迪遜這裡說的民主政體，是一種公民參與度高的小規模直接民主；具體來說，大概就跟美國最小的州差不多小。為了避免民主政治的危險，麥迪遜提出了兩種具體手段：一是利用政治學新提出的「代議原則」；二是「拓寬軌道」，建立大規模的政治實體，減少公民拉幫結派的可能性、增加利益的多樣性，減少公民之間的政治信任與活動。但即便保留了選舉，把最終的主權留在人民手中，麥迪遜依然清楚表示，代議士不應過度遵從人民的意願，他認為代議制的預期效果是「由選舉拔擢出的一小群公民負責改良和放大民眾的看法，因為他們的**智慧更能夠明辨國家的真正利益**。」[13]

根據麥迪遜在《聯邦黨人文集》第十篇的論述，國家的最大利益是保護「政府的首要目標」，也就是保護「人類才能的多樣性」。由於每個個體之間存在差異，公領域才需要存在。在麥迪遜生活的十八世紀，政府的存在是為了「保障」人們能追求個人目標，以及「保護」追求的成果，特別是保護那些會在財產上造成不平等和不同成就的個體差異。政府的存在意義，是保護最大程度的個人自由，並藉著鼓勵公民和公僕追求自身利益來實現這個目標。這個觀點認為，「以野心抗衡野心」是切割和分配權力最好的方式，能夠防止權力集中和掌握在特定的個人手中；但同時，政府本身也

---

12 James Madison, Alexander Hamilton, and John Jay, *The Federalist*, ed.George W. Carey and James McClellan (Indianapolis: Liberty Fund, 2001), no. 10, p. 46.

13 同上，粗體為本書作者所加。

會獲得實質的新權力，能夠直接對個體採取行動、解放他們，使他們免於受到特定的地區限制，同時促進商業和「有用的技藝與學科」發展。

這是自由主義的政治技術，其宗旨是讓個體不必分心效忠於特定的人和地方，可以盡情追求自己的野心和欲望。而現代共和主義又掌握了一項新的技術，就是麥迪遜所說的「拓寬軌道」，這不僅能讓具有「適當性格」的政治領袖崛起，還會灌輸公民對公眾事務冷漠和只關心私人生活的觀念。麥迪遜希望拓寬國家的軌道能讓公民之間更不信任，變得傾向於追求個人利益，減少溝通和結盟的可能性：「當人們對不公義或不光彩的目的有所察覺，彼此的溝通就會受到不信任牽制，而形成共識所需的人數愈多，不信任也會愈強烈。」在這種社會裡，每個公民都會傾向質疑周圍大多數的公民，也不信任代議士，因為後者雖然是由公民選舉出來，卻全憑自己對國家最大利益的觀點來治理國家。

因為麥迪遜的期望，就是讓人民意識到自己在公領域難以施力，只好轉而關心相對容易達成的個人目標。政治領域會吸引有野心和追求權力的人，但中央政府日益增長的權力，也會被用於促成這些人的野心；這樣的政治情境也會鼓勵人們擺脫人際關係和紐帶，對他人更不信任，最後導致人際關係變得脆弱、短暫、容易替代。現代共和主義希望解決政治派系這個古老的問題，但他們採用的方法，卻不是訴諸公共精神，而是促進人們不信任他人的動機。造成這種不信任的，是共和國廣闊的幅員、不斷變化的政治動態、對「多元主義」的鼓勵、對增加多樣性的內建偏好，以及公民因為這些因素而不會穩定參與政治。古人推崇的美德和追求共同利益的理念就此淪喪，取而代之的是現代共和主義的基本動機，也就是靠著人們追求一己利益來增強整體的力量，從而實現各種欲望。

於是，現代共和主義變成了自由主義的政治系統，並培養出一個自由主義社會，一個歌頌讚揚自利、歌頌不受拘束的野心、重視私人追求甚於關心公共福祉的社會，一個強調學會和他人保持心理距離，甚至重新衡量一切關係，以避免個人自由受到限制的社會。在麥迪遜看來，個體差異很大一部分會以財產的方式呈現出來，但我們也很容易可以想見，這種「外在」的差異，終究會被「內化」成一種身分認同，而這種新的身分認同也需要一個積極而龐大的政府，才能「保護人類多樣的才能」，或者保護人們可能想擁有的身分。對於個人身分認同「多樣性」的崇拜，跟自由主義的願景是深深綑綁在一起，分也分不開的，而伴隨而來的，還有對公民身分和共同福祉的輕視。人們共同效忠的對象，就只剩下各種增加個體化、破碎化以及「才能多樣性」的政治目標。

大公為私

也就是說，大規模民主會興起，似乎與縮減民主參與的計畫脫不了關係。從美國開國之初到進步時代，再到我們生活的當代，美國的主流政治敘事都是一面歌頌民主治理，一面設計著將政府隔離開來，以避免過度受到民眾影響的結構。近年來減少民眾參與和掌控治理的例子，包括了「藍帶委員會」（blue-ribbon commission）這類非正式編制的專業考察委員會增加，還有像聯邦準備系統（Federal Reserve）這種基本上不受民意干涉的準政府機構影響力愈來愈大。

古典和進步自由主義者不但同樣積極壓制民主實踐和積極的公民參與，對於「良好政策」的實質願景也十分雷同。在制憲者和進步派看來，所謂的良好政策，就是能促進共和國的經濟發展和政治實力，並同時擴大其對私人和公共領域影響力的政策。自由主義追求的不是馴服和規範權力，同時培養節儉和節制等相應的公私領域美德，而是追求用制度面的手段集中權力，強化國家的實力、活力和動能。麥迪遜、漢彌爾頓與約翰・傑伊（John Jay）在撰寫《聯邦黨人文集》時採用了「共和之子」（Publius）這個筆名，共同主張由於未來的情勢，特別是外交情勢無法預見，所以憲法應當賦予中央政府靈活乃至無限的潛在權力。漢彌爾頓在《聯邦黨人文集》第三十四篇中寫道：「應該要有能力，以應對未來可能發生的意外；由於意外的可能性不計其數，限制這種能力也必然不安全……要是我們不允許無限的能力，當意外來臨時，誰知道我們會落到什麼結局？」[14]這段話其實就是在描述立憲者心目中理想政權的本質，說得具體一點，就是一個商業共和國；這樣的政權將會引來外國的野心，因此需要給予國家「無限的權力」。「如果我們打算成為一個商業民族，」漢彌爾頓隨後寫

14 同上，頁34、163。

到，「我們的政策就必須準備好保衛商業的能力。」[15]這個說法和馬基維利頗有呼應，後者認為君主為了保衛國家，必須永無止境地擴張權力；不受限制的野心能為國家帶來富裕和強大，也更容易招致其他國家的入侵或顛覆行動；因此，使國家富裕強大的野心必不可免需要無限的權力，這便是屬於國家的鐵血三段論。

制憲者們意識到，只要體制設計得當，民心就會從自然養成的愛鄉愛土，轉變為憧憬首都的權力和偉岸。為了達成目標，就需要改變原本認為自治才是自由的觀念，就必須讓人民感受到財富的增長和社會的繁榮，或是哲學家理察・羅蒂所謂「更強的存在感」（more Being），改為相信自由是拓展「能力的多樣性」。制憲者們絕不會訝異現代的人民已經拋棄地方性、公民性的自由，沉浸於私人性、物質性、個體性和表現性的自由，也不會訝異所有人都這麼關心華府，認為那裡才是表現性自由的來源與捍衛者。

為了推動這個目標，制憲者安排了一種特殊的選舉規則，希望確保只有特別傑出的人才會當選國家官員。「拓寬國家軌道」和聯邦層次的偉大願景，會吸引擁有非凡野心，而且能因為美國變得更偉大而獲益的人。在當年，反聯邦主義者就曾擔憂這會導致中央政府篡奪州政府的權限，漢彌爾頓特別為此寫了一篇論述，同時承認這正是多成立一個聯邦政府的目的，也透露他認為哪些人會被中央政府給吸引：

> 我承認，我無法理解有什麼誘惑會導致受託管理中央政府的人，選擇去剝奪各州政府所擁有的權力。在我看來，管理一個州內部的警務安排，對於有野心的人來說實在算不上誘惑。商業、財政、談判和戰爭，才能真正能讓這些懷抱激情的心靈著迷；而且所有和這些目標相關的權力，都應該優先屬於中央機關……所以，聯邦議會絕對沒有理由去篡奪州政府的權力……掌握那些權力……對中央政府的尊嚴、重要性以及榮光，都沒有任何助益。[16]

漢彌爾頓的反駁指出，新憲法秩序期望中央政府會利用特定的措施，逐漸擴大個

---

15 同上，頁34、164。

16 頁17、80。

人自由的範疇，最後人民就會把中央政府視為保護個人自由的機構，同時認為更直接的地方自治會妨礙自由。

雖然現在有很多保守派主張，美國憲法期望聯邦制能確保人們對鄉土懷有強烈的認同，但《聯邦黨人文集》裡透露的觀點，卻跟他們的主張互相矛盾。《聯邦黨人文集》中列舉了一系列設計，都是為了確保民眾對中央政府的認同，最終會超越對地方政府和州政府的認同。雖然麥迪遜和漢彌爾頓都承認，人類天生會對周遭親近的事物懷抱有較強的情感，但這點有個重要的但書。在《聯邦黨人文集》的第四十六篇中，麥迪遜寫道：「人民最直接也最自然的認同對象，通常是他們生活地區的州政府」；漢彌爾頓也在《聯邦黨人文集》的第十七篇寫道：「我們都知道人們情感的強度和對象的距離與範圍成反比，這是人的天性。」[17] 兩人都同意人類比較在乎親近和熟悉的事物，不太關注遙遠和不熟悉的事物，這是人的天性。

然而對於這個理所當然的看法，兩人都提出了一個重要的例外。漢彌爾頓在《聯邦黨人文集》第十七篇中進一步強調了人們偏愛周遭事物的天性，卻也舉出一個重要的例外：「基於同樣的原則，人們對於家庭的依戀，會勝過於對鄰里的依戀，對於自己出身的州，也會比對聯邦政府更在乎——**除非聯邦能以更好的管理方式突破這個原則的力量**。」[18]而麥迪遜則在《聯邦黨人文集》第四十六篇重申這個想法：「如前所述，如果人民將來重視聯邦政府更甚於州政府，一定是因為後者的管理明顯更好、更難抗拒，才能突破人們天生的傾向。」[19]更好的「管理」會摧毀人們對生活周遭、鄉土和熟悉事務的忠誠，而且所謂更好的管理，指的就是由能力出眾、受過啟蒙且能夠有效執行計畫、實現自由主義承諾的政治人物來進行治理。

當然，漢彌爾頓也承認在憲法打造的國家體制下，會有更多人變成例外，不受自己生長的地方吸引。由於會聚集到中央政府的人，都傾向於認為州政府的職能「算不上誘惑」，這讓漢彌爾頓做出結論：隨著時代發展，聯邦政府的管理成效很有可能會超越州政府。在《聯邦黨人文集》第二十七篇，他把擴大選區和吸引「萬中選一的人」，都列入了「本書各篇文件中提到的各種理由中，這些理由都指出，**全國政府會**

17 同上，頁46、243；同上，頁17、81。
18 同上，頁17、81，粗體為本書作者所加。
19 同上，頁46、244。

比區域政府管理得更好。」[20]讀完《聯邦黨人文集》第二十七篇的結論後，再來看第十七篇和第四十六篇中提到的但書，就會知道這些共和之子非常確信從聯邦層次來管理國家會更好，也打算用此取代人們對地方的忠誠和投入，並將這些情感收為中央政府所用。

關於我們在乎的對象會怎麼改變，《聯邦黨人文集》的作者們顯然說對了；他們認為國家的力量終究會吞併民眾對地方的忠誠，拓寬「才能的多樣性」，並宣稱這種自由才是唯一值得擁有和追求的自由。當一個人成為民主政體下的公民，就有資格開拓自己的野心和經驗，只要支持不斷推動表現性個人主義的政府，就是在履行他的公民義務。這也是為什麼，「進步派」限制不了私人企業兼併土地、擴張經濟權力，「保守派」也無法阻止表現性個人主義的壯大，特別在面對性革命時根本一敗塗地。常有人好奇，共和黨從高華德（Barry Goldwater）時代，甚至從小羅斯福主政以來，就一直倡導要縮減聯邦政府，把各種權力交還給各州政府，但卻從來沒有做到；現在我們知道原因了，因為逆轉這種趨勢本來就不符合美國的立國邏輯和本質。聯邦體制的設計就是為了要讓權力集中，特別是把最有野心的人都吸引到中央，而他們會用這種憲法所鍾意的野心，確保權力持續往中央匯集。由於中央政府最核心的職能就是商業與戰爭，這些事務也就愈來愈成為國家的代名詞。

儘管建國時代和進步時代的自由主義者在很多層面都有所差異，但隨著美國經濟的規模愈來愈大，兩者都同樣致力於拓寬中央政府的「軌道」或「尺度」。正是因為政治的基本目標早就先決定好了，現代政治才能預先設定出「好政策」的判準，也就是政策能否增強國家的財富與權力。從這層意義來說，儘管進步派與制憲者有著許多差異，但雙方同樣都承襲了現代化的願景，把政治視為掌控自然、擴大國家權力的手段，並藉此將個體從人際連結和義務，甚至是積極參與民主政治的義務中解放出來。

制憲者和進步派都想方設法加強中央政府對全美各地區的影響力，並藉著基礎建設和通訊投資來增加經濟活動、提高經濟效率。正如制憲者們選擇將「有用的技藝與學科」寫入憲法，成為最重要的正面要求之一，進步派的杜威也盛讚培根是「現代思

20 同上，頁27、133，粗體為本書作者所加。

想真正的奠基者」，並將科技進步與民主的進展劃上等號。[21]儘管杜威非常崇尚「民主」，但我們不該忘記，他所說的民主，終究是要以某種方式促進「成長」。對於制憲者和進步派來說，最重要的就是擴張麥迪遜提出的「理性帝國」，而要實現這個根本目標，就需要把民眾培養成優先追求私人目標和表現性個人主義的戚戚小人，這樣一來民眾才會信任政府並效忠共和國。

反自由民主的前因後果

托克維爾在一八三〇年代初期來到美國，並寫下了他對鄉鎮民主（township democracy）實踐的考察心得。托克維爾對美國人投入公民生活時表現出熱切感到很驚訝：「要解釋關心政治在美國人生活中的分量並不容易。參與社會治理並談論這些事務，是美國人最重視的事情，甚至可以說是他唯一知曉的樂趣。」[22]雖然托克維爾曾經預言，美國民主的發展將會導致「個人主義式」的孤立與公民冷漠，但他在實地考察中卻觀察到一種幾乎完全相反的現象：「當一個美國人被限制只能關心自己的私務，他的存在意義就會消失一半；他會覺得生活出現了一個巨大的空洞，變得非常不快樂。」[23]

托克維爾觀察到的是美國在成為自由主義國家之前，就已經形成的民主實踐。他認為這種生活的根基和起源，可以追溯到北美殖民地初期的清教徒傳統，尤其早期人們對自由的認識普遍來自基督教。他相信正是這種認識給了人們實踐民主的靈感。在《民主在美國》一書的前面，托克維爾就引用科頓．馬瑟（Cotton Mather）牧師的《基督在美行奇蹟：新英格蘭教會史》（*Magnalia Christi Americana* or *The Ecclesiastical History of New-England*）中提到的「美善的自由」：

21「隨著科學興起，電報機與火車一同傳播真理，民主的組織也同時增加，這絕非巧合，而是意味著當我們認識生命的真理，就會與同胞團結得更緊密。」John Dewey, "Christianity and Democracy," in Boydston, *Early Works*, 4: 9.9.

22 Tocqueville, *Democracy in America*, 243.

23 同上。

我也不希望你誤解了你的自由。有一種自由是腐敗的天性，它或者傾向人性，或者傾向獸性，但都是憑著心欲行事；這種自由與權威相悖，沒有自制的心性；依此自由，吾賤矣（Sumus Omnes Deteriores）；它是真理與和平的大敵，上帝的一切誡命都反對這種自由。但還有一種文明、道德、合群的自由，它是權柄的目標與臣屬，是為了公義與良善的自由，你們當為了這種自由冒險犯難。[24]

托克維爾在這語帶稱許地引用了古典思想中對自由的區別，一種是把自由理解為允許任何行徑的「隨心所欲」，一種是把自由理解成自律的結果，特別是出於良善的自由選擇。托克維爾所讚許的自由更接近當代對古典思想和基督教自由的理解，也就是自由應當合乎「公義和良善」，而不是只要沒有傷害他人的身體，就什麼行為都可以做。就像馬瑟牧師那段引文說的一樣，只要權威認真組織社會，鼓勵公民只做出「公義」的決策，採取「良善」的作為，這種自由就能與權威和諧共處。

雖然自由派將這些社會中的權威組織視為自由的對立面，稱之為「清教主義」，但托克維爾的看法正好相反，他認為古典思想中的自由若是要發揮在政治上，自然會牽涉到某種特定的民主實踐方式。要實踐這種源於「美善自由」而產生的民主，需要具備自我管理的紀律，但不管在政治領域還是個人生活，自我約束都頗具挑戰性。民主需要縮節個人的欲望和偏好，因為只有這樣的人才會了解，公民必須一直維持互動，才能看出彼此的共同利益。而且，托克維爾還認為在這些互動中，把自己看作「個體」的想法也會徹底改變：「唯有藉著人與人之間一來一往的互動，感受與思想才會重燃活力，心靈才會更加豁達，理解他人的能力也會更成熟。」[25]

對於托克維爾來說，這些說法不僅是理論，他相信清教徒對自由的理解，對於他在美國東北部各州旅行時目睹的新英格蘭鄉鎮民主實踐，有著非常直接的影響。見證到當地人如何實踐自我管理，也就是人民如何將法律施行在自己身上後，托克維爾得到一個結論：「自由人民的力量存在於當地社區。發源於地方的制度之於自由，就如基礎學校之於學問一樣：它讓人民能夠接觸到自由，教導人們珍惜自由帶來的平和喜

24 同上，頁46。
25 同上，頁515。

悅，並習慣運用自由。」[26]他強調，正是因為鄉鎮的人際距離很近、很即時，公民才不會只關心自己的生活，也會去積極參與自己和其他同胞的共同命運。他也注意到，這些積極的鄉鎮公民幾乎不會關心州政府和更遙遠的聯邦政府，只有少數富有野心的人物會想進入那些遙遠、跟一般人牽涉甚微的政治權力中心。如果有一群公民絲毫不在乎地方自治，卻把所有精力和注意力都拿去關注遙遠的國家權力運作，大概不會被托克維爾認為是民主的典範，反而會被他當作是對民主的背叛。

托克維爾主張，自治需要具體實踐並養成習慣才能達成，要是少了這種自治，人們非但享受不到自由的朝氣，反而會變成遠方統治者的奴隸。在他看來構成民主的，並非公民是否行使投票權，而是公民有沒有在一個具體的地方，和身邊熟悉的人長時間討論、磋商並實踐自治。托克維爾並不認為這種治理方式就是理想或完美無缺的：「面對公共事務，人們無疑會經常出差錯，但對這些事務的關心必定會使他們心靈的眼界開闊，助他們擺脫陳規故轍。」民主不僅僅是彰顯自身的利益，更是要轉化原本過於狹隘的利益，放眼更廣泛的公共利益。要實現這點，只能靠公民確實地統治自己並接受自己的統治：民主「不是法律的造物，而是人民透過制定法律而學會如何實現的事情。」[27]

當代自由主義對民主多有批評，但他們批評的對象，其實是現在表面上叫做民主，實際上遭到閹割的旁觀者政治，而他們譴責的，其實是自由主義所創造的委靡公民，以及那些畸形孱弱的民主行動。掌握話語權的自由主義者把這種沉淪當作理據，方便金權政治的勝利者和自由主義國家機器的執行官僚，進一步阻斷群眾的政治能量，並提供更多私人生活中的滿足來搪塞人民。[28]但多數自由派只是呼籲要實施更廣博的公民教育，鼓勵民主參與。他們的著眼點仍是全國政治，沒有意識到這種思維就是真正的病因。要解決公民的冷漠，就需要嚴加限制中央政府的權力，讓真正的地方

26 同上，頁57。
27 同上，頁243–244。
28 布倫南寫道：「政治參與度下降不但是好的開始，之後還有很長的路要走。我們甚至應該希望參與度變得更低，而非更高。完美的狀態下，政治只會吸引一小撮普通民眾的注意；大部分的人生命中則是繪畫、詩歌、音樂、建築、雕刻、編織、陶藝，也許再加上足球、NASCAR賽車、拖拉機競賽、閒話家常，或者去Applebee's連鎖餐廳吃東西。在完美世界中，大部分民眾根本不會在意政治才對。」Brennan, *Against Democracy*, 3.

自治有機會實行，但這對自由主義者還是太難想像了。這些因為公民冷漠或是無知，就覺得需要限制或教育他們的人，不可避免地會試圖讓政治與自由主義的國家機器結合得更緊密，以確保公民意識繼續衰退下去。

同樣理所當然的，是即便公民意識已經衰退，人們也會想要擺脫自由秩序的啟蒙主義枷鎖，特別是現在自由秩序的成功，已經讓這群生病的人了解自己在政府、經濟、科技和全球化的暴力面前是多麼無力。然而，他們的公民意識也已經退化到不太可能堅持托克維爾所推崇的自律；他們多半會自詡為沉默的大多數，語無倫次地把某個強人拱上大位，去統治離他們遙遠且難以治理的政府和市場。自由主義似乎總會讓人民渴望有個反自由的獨裁者替他們作主，保護他們不受自由主義的變幻莫測傷害。自由主義者確實應該擔憂這樣的可能性，但他們卻執意忽視自由秩序本身就是孕育反自由的共犯。

結語

自由主義衰退之後的自由

自由主義失敗的理由也正是自由主義成功的理由。隨著自由主義發展得愈來愈完整，便開始傳播病態的因子，而且傳播的速度和範圍，都遠遠超過自由主義秩序修正和掩蓋問題的能力。最後的結果，就是選舉政治、治理和經濟等領域都接連暈厥，公民對自由主義秩序的能力失去信心，甚至不再相信其願景；這一切都不是自由主義架構有辦法分別解決的獨立問題，而是緊密絞合在一起的正當性危機，甚至可能是自由主義的末日。

我們對政治的眼界太過狹窄，意識不到眼前這些問題無法靠自由主義的工具一個個解決，因為它們是一整片系統性的挑戰，源自一套看不見卻包羅萬象的意識形態。出問題的不是單一程式，而是整個作業系統。多數人根本想像不到，我們已經陷入了一場正當性危機，整個社會最基礎的認知隨時都會解體。

自由主義的「高貴謊言」正逐漸瓦解，因為靠它獲益的人依然相信並努力維繫這個謊言，但自由主義下的新奴僕階級已經漸漸看穿它只是謊言，而且並不覺得它有多高貴。儘管理應最了解自由主義本質的新貴族依然對其深信不疑，但無論統治者再怎麼保證新政策會讓奴僕階級獲得好處，都遏制不住他們的不滿。與此同時，為自由主義辯護的人卻仍在自我欺騙，將群眾的不滿、政治失能、經濟不平等、公民和社會失去連結，以及民粹主義的反彈，全都視為和體制無關的偶然問題，因為維護現行的體制對他們來說，利益實在太龐大了。這種分裂只會持續加劇，危機也會變得更加明顯，只靠政治的膠帶和經濟的噴漆，終究會無法維持體制穩固。自由主義的末日就在眼前了。

末日降臨的劇本有兩種。在第一種劇本裡，我們會繼續維持一個名叫「自由主義」的政治體制，但這個體制的作為卻會與它掛在嘴邊的自由、平等、正義、機會等原則處處相對。當代的自由主義將會走向行政國家，由嫌惡民主的少數人所統治，並且一天比一天更依賴法令來實施自由主義秩序。「深層政府」的權力和規模會愈來愈大，靠著無邊無際的監控、法律授權、警察權力和行政程序來支持自由主義秩序，習慣性繞過任何民主和民粹的不滿。儘管自由主義聲稱政治需要得到民眾認同和支持，卻還是會持續採取這些手段。這種矛盾的思維和托克維爾的推想有點相似，他在《民主在美國》中，預見了民主將會演變成一種新的專制。

但這種結果並不穩定，而這種不穩定也暗示另一種可能的結局，也就是自由主義終結，被另一種政權取而代之。大多數人聽到這裡，都會警戒後續的政權可能會有多殘暴，而這種警戒確實有理，德國威瑪共和崩潰後就迎來了法西斯主義的崛起，俄羅斯在實行共產主義以前也稍微接觸過自由主義。雖然從這些殘酷且失敗的殷鑑看來，即使在自由主義的末路，人們也很難再次陷入大規模的狂熱，但憤怒和恐懼還是非常有可能讓公民們選擇某種類型的民粹民族主義專制或軍事獨裁。

隨著各種怨懟在西方自由民主國家裡日漸蔓延，這兩種結局都很可能發生，但無論哪個都不是人們所希望的未來。然而，儘管這種結果就是因為自由主義失敗才導致的，捍衛它的人依然不願意面對，自己是造成怨恨情緒蔓生的共犯，但這只會讓未來更容易走向可悲的結局。他們認為同胞們的不滿是因為不思進取和冥頑不靈，屢屢將各種社會問題都歸咎於種族主義、狹隘的派系之見或是偏執盲從。明明自由主義向來自詡為一台能夠自我修復的永續政治機器，但它的信徒卻幾乎想像不到它會故障，以及這樣可能會導致其他殘酷惡毒的體制有機可趁，然後取而代之。這群因循守舊的愚忠老臣，也不太可能構想出另一個以人為本的方案，接續已經走到末路的自由主義。

自由主義衰退之後

但想要構思一種以人為本的方案，來防止自由專制主義或殘酷的鐵腕獨裁者得勢，充其量只不過是場沙龍遊戲，或是吃力不討好的苦差事。如果想避免自由主義衰退後的生活變得更嚴酷，並創造出某種更好的制度，最必要的就是重拾政治哲學的核心活動，也就是柏拉圖在《理想國》中示範過那些烏托邦與現實之間的辯證。在現今這個完全由自由主義所塑造的世界裡，就算只是要找出最簡單的輪廓，也必須跨出嘗試的第一步。沒有人知道，也沒有人能預言我們的目的地在哪，這或許是需要好幾代人才能走完的旅程。

但在出發之前，我們要有三個心理準備：

一，我們必須承認自由主義的成就，並放棄「回歸」自由主義時代以前的欲望。我們必須放棄導致自由主義失敗的根本概念，但也必須將它的成就當作起點。我們不可能後退，只能前進。

二，我們必須長大，停止沉迷意識形態。自由主義、馬克思主義和法西斯主義是意識形態的三巨頭，其中只剩下最古老也最有彈性的自由主義依然存在，但自由主義者卻誤以為競爭對手的垮台是歷史的終結，而不是一場代價高昂的勝利。自由主義對自身的描述，和公民所生活的現實之間差距愈來愈大，導致人們不再接受它的謊言。但我們不應該試圖構想一種新的意識形態，或者是掉頭重回馬克思主義、法西斯主義等方案的懷抱，而是要著眼於如何實踐和養成新的文化、家戶經濟分工以及城邦生活。

三，在融合上述的經驗與實踐方法後，或許就能找出一種更好的政治和社會理論。這個理論必須揚棄自由主義的意識形態，但也必須認識到它的成就和它那些正當的訴求，特別是對公義和尊嚴的看法。等到這樣一個理論有了清楚的輪廓，我們大概會從中看到一些自由主義從過往保留下來的重要概念，特別是自由的概念；而摸索時留下來的經驗和實踐方式，不但對以人為本的生活極其重要，也會讓這些概念更加穩固。探索新理論的第一步一定充滿了未知，但只要想想從古典時代以來，某些基本的政治理想是如何吸引著西方人，就會知道我們所看的方向依然大有可為。

莫走回頭路

就和人類的其他理想一樣，自由主義也留下了許多成就。只是信奉自由主義的人一直生活在它的地穴裡，忙著慶賀這些成就，讓我不得不在本書中臚列那些深刻的代價。如果我們希望自由主義後的未來更有人性，就不能假裝我們沒有經歷過自由主義的時代，或是草率毀棄它的基本骨架，逃入某個前自由主義時代的桃花源，因為那樣的時代從不存在。不過，我們仍需要學習過去，才能向前尋找新的可能性。每當我們朝自由主義後的時代跨出腳步，都必須先對自由主義的魅力心懷肯定，並努力實現自由主義那些空有承諾的壯闊理想。

雖然自由主義總是假裝徹底拒斥所有過往的政治架構，但它當然也是從古典時代到中世紀後期這段漫長的歷史發展而來。自由主義會這麼吸引人，有部分就是因為它並非全新的思想，而是承接了身後的信念與寄託。古典政治哲學最重視的問題，就是怎麼做最能防止暴君崛起，以及如何打造政治自由和公民自治的環境。西方政治傳統中最根本的要素，如自由、平等、尊嚴、公義、憲政等等，都是源自古典思想。雖然基督教在中世紀政治哲學中的發展如今常被忽視，但現代人談的個人尊嚴、人是什麼、權利的存在與相應的職責，公民社會與結社的重要性，還有人類不可避免會受到暴政誘惑，只能靠有限政府來阻止，都是因為基督教才出現的概念。自由主義的魅力，並不是因為它拒斥過去，而是因為它以西方共同的政治思想為基礎。

自由主義的奠基者採用了這些來自古典和基督教傳統的語言，然後翻轉了它們的意義與實踐方式。過去的思想認為人天生是關係的產物，是「社會與政治的動物」，而自由主義思想家最排斥的就是這個觀念，他們認為只要重新定義人的天性，就能實現自由、權利與公義。他們的做法雖然讓知識分子更加普遍熱中政治，卻也讓政治變成了埋葬自由主義理想的地方。自由主義者選擇斷離過去，是因為他們相信了一種錯誤的人類學假設；但與此同時，他們的理念也因為自由主義無法實現這些理念，而在人們的不滿中變得更加普遍和穩固。

在過去，西方哲學和人民的生活方式非常斷裂。人們一方面相信自由、平等與公義等觀念，一方面又普遍實行奴隸制和農奴制，社會上充斥著各種不平等，婦女的貢獻遭到忽視，貴族專橫霸道，王子犯法從不曾與庶民同罪。直到自由主義得勝，這些西方哲學的根本課題才終於實現，人們也開始期待日常生活和理想更加吻合。

然而，在推進理想的同時，自由主義卻不斷摧毀人性的概念，並靠著從中產生的政治、經濟、教育和科技，背叛了原本的理想。事到如今，我們口中的理想就跟幾百年前一樣，和實務之間有著嚴重的脫節；但與過往不同的是，自由主義的意識形態讓我們難以察覺這種脫節，而未能實現這些理想，卻是自由主義本身的問題。「自由」是我們這個時代最基本的口號，但無論在生活中的哪個面向，自由顯然都正在消退，比如很多公民都認為他們對政府幾乎沒有實際的控制權或發言權。在先進民主國家，很多選民投下的選票，傳達的並不是他們相信自己的聲音會被聽見，而是他們已經不再信任這個違背自治承諾的制度。但同時在消費者選項之類的領域，人們的自由卻飛速擴展，導致很多人為了終究無法滿足的渴望，承擔了過多債務。實際上，我們既沒有選擇政治領袖的公民權力，也沒有什麼管理自身欲望的個人權力。身為自由主義下的公民，我們照理說要有很多空間可以發揮，但我們的政治經驗卻充滿無力感，雖有近乎無限的選項，但這些選擇代表的都只是更深層次的奴役。我們可以任意選擇要買什麼車來開，卻無法選擇要不要大半輩子在令人窒息的無聊中虛耗。儘管如此，自由主義還是宣稱每個人都是自由的，而我們雖然都質疑這點，並對此愈來愈不滿，卻依然相信這個制度會知行合一。

自由主義衰落的跡象之一，是人們開始認識到，雖然自由主義起初有著光鮮亮麗的願景，但它如今的成功卻是以這些願望的廢墟當作基礎。捍衛自由主義的人常說，自由主義最重要的功勞之一，是讓婦女得以從不平等的處境中解脫，並把所有對自由主義的批評，都罵成是要讓婦女重回前自由主義的枷鎖。然而，這種婦女解放最主要的成就，只是讓許多女性成為市場資本主義的勞動力。像溫德爾・貝里這樣的傳統主義者，以及像南西・佛雷瑟（Nancy Fraser）這樣的馬克思主義政治學家，都認為這未必稱得上是解放。[1]人們似乎忘記了在美國建國之初，所謂的自由不僅是免於國王的宰制，也包括了免於不受雇主的宰制。如今，我們認為婦女解放最重要的一步，是她們逐漸免於生理的限制，讓她們能自由地為一個不同的、沒有實體的身軀，為了美國這個「大企業」（"corporate" America）服務，並參與當今完全沒有實質政治自由的經濟秩序。自由主義認為，女性的解放就是從家庭之中解放出來，但這其實讓女性和男性都陷入了更嚴密的束縛之中。

自由主義的興起，是因為它有一套令人景仰的政治宏願，但它卻實現了一種全新的全面墮落。說得更不客氣一點，自由主義的規劃者為了圖利他們心中理想的個體，蓄意挪用了自由、民主、共和這些普遍流傳的政治概念，並扭曲了其中的理想，方便這些人從中得益。[2]從自由主義的成功出發，代表我們不但要承認它原本的正當性，也要認識它失敗的原因。這也意味著我們不該繼續用結合消費主義和性放縱的自主幻覺來掩蓋體制的無能，而是要重拾公民和個體的自我約束，人類才會擁有真正的自由。自由主義既是西方思想的恩典，也是災變，但或許它的失敗、它虛假的承諾與它未能實現的願景，都是我們更進一步前所必須經歷的。

---

1 Wendell Berry, "Feminism, the Body and the Machine," in *What Are People For?* (New York: North Point, 1990); Nancy Fraser, *Fortunes of Feminism: From State- Managed Capitalism to Neo- Liberal Crisis* (New York: Verso, 2013).

2 Cavanaugh, " 'Killing for the Telephone Company.' "

告別意識形態

自由主義興起時，宣稱它將「接受人本來的面目」，將新的政治建立在對人性真切明晰的認識上。然而它所謂人類的「本來面目」，指的卻是一種活在自然狀態下、完全自主的虛構人類。靠著這種扭曲的人性觀，自由主義重塑了人的樣貌，並據此塑造了新的政治、社會和經濟秩序，但也理所當然讓人類脫離了以人際關係為本的現實生活。自由主義一直對人類「應當」如何生活有種特定的想像，但它卻把這種規範性的理念藏了起來，裝出一副中立的姿態。而且它也跟其他意識形態競爭對手一樣，需要有龐大的政治和經濟機構來替它實現願景，並在這個過程中重塑和摧殘所有人類的天性。如果我們要找到一種更人性化的新政治，就要避開用其他意識形態取自由主義而代之的想法。無論政治還是社群，都必須由下而上，從經驗和生活開始逐步成形。

自由主義最有害的一個幻想就是合意理論（theory of consent）。這理論描述了一個幻想的情節：自主、理性的人們衡量利益過後，簽下了一份抽象合約，然後建立起一個只為「保障權利」而存在的政府。合意理論將所有「不是自主選擇而來」的社會和人際關係都批為「無理」的關係，所以這些關係是可議，甚至是不正當的。時至今日，自由主義已經從政治領域擴展到社會甚至家庭裡頭，並幾乎消解所有社會紐帶。然而，隨著自由主義朝抵抗更頑強的戰場推進，特別是前往那些從根本上拒絕自由主義前提的宗教機構，政府就開始明目張膽地展開行動，把手伸向宗教信仰和家庭生活裡頭。[3]

自由主義的基本立場是，只有當人們完全獨立、自主時，才能「合意」建立任何關係或連結。只有這樣，人們才能有意識、有意圖地進入各種功利性的關係，而且只要這種關係不夠讓人滿意，就能夠重建新的關係。我在普林斯頓大學任教時，曾有過一段令人不寒而慄的對話。那時我們正在討論一本關於阿米許人的新書，談到了他們的「Rumspringa」（字面上的意思是「跑來跑去」）。當阿米許人進入青春期，他們會

3 歐巴馬時期除了將宗教自由定義成狹隘的「禮拜自由」，還積極用自由主義的政治術語定義父母與子女的關係，將其納入國家的監督。可見如 Samantha Goldwin, "Against Parental Rights," *Columbia Law Review* 47, no. 1 (2015).

被要求暫時離開社區，接觸現代自由主義社會的產物。[4]這段時間通常會持續一年左右，結束後年輕人就必須選擇自己想加入哪個世界。其中有將近九成的人都會選擇回到阿米許社區接受第二次洗禮，以及社區裡的各種規範與限制，再也不能享受自由主義社會的贈禮。我的一些前同事認為，這顯示了阿米許年輕人其實上並沒有「選擇」成為自由的個體。有個人還說：「我們得想辦法解放他們。」在自由主義的定義下，只有完全自由的個體才能表示真正的合意，而家庭、社區和傳統的影響都證明，阿米許年輕人並不自由。

在質疑這些人際連結的同時，自由主義卻也在遮掩它如何把年輕人的生活方式、信仰和世界觀塑造成特定的樣貌；然而自由主義卻不允許人們用其他標準評價這種行徑。阿米許人（或是其他族群）的傳統文化允許年輕人選擇是否要留在自己出身的文化裡，但根據自由主義的觀點，只有離開才算是真正的選擇。一個人不管是多草率、多勉強地接受自由主義，都會被當成「無聲的同意」，而加入傳統社群就成了「壓迫」或「虛假意識」（false consciousness）。

在這種雙重標準下，宗教、文化和家庭都是出生時的意外。雖然一個人會在自由主義下成長，同樣是因為出生時的意外，但對西方進步世界，以及世界各地愈來愈多的「現代人」來說，這種意外卻不像其他意外一樣需要接受強烈的質疑，甚至需要自由主義者出手修正。自由主義忽視了文化本身是一種更深層次的合意關係。因為文化和傳統是實踐和經驗的累積，而且是好幾代人自願累積並當成禮物傳承給後代的。這種傳承來自一種更深層次的自由，來自人們世世代代與世界、與彼此互動的自由。它是集體生活的結果，只要後代從經驗和實踐中得到不同的結論，就可能會調整它。

維持現有的文化和宗教習俗並建立新的共同體需要投入更多心力、負起更多責任，不能像對待自由主義一樣，只是被動地默許它存在。發展新文化需要有意識的努力、深刻的討論、細心反思並達成共識，但諷刺的是，正是自由主義把大眾塑造成現在這種缺乏反思能力的樣子（某種程度上來說，這也是自由主義時代厲害的地方）。在這個時代，自由主義愈來愈敵視、憎恨人們對自己施加的拘束與限制，特別是對個人生活和性自主所施加的限制，而宗教社群正是首當其衝的領域。但也有許多人認為

4 Tom Shachtman, *Rumspringa: To Be or Not to Be Amish* (New York: North Point, 2007).

這種立場並非自由主義的正道，而是一種背叛。這種衝突讓我們看到，自由主義用了多少氣力把世界塑造成自己的樣貌，也讓我們意識到，我們需要有不一樣的共同體和新文化，才能走出自由主義向晚的遺跡繼續生活下去。

自由主義衰落後的新生活與思想的新生

很多證據都顯示，人們愈來愈希望有一種更具生命力的社會，可以取代冰冷、官僚、機械化的自由主義世界，這點在正統宗教裡特別明顯。除了阿米許人這樣自給自足的社群外，天主教、新教、猶太教這些國際化的宗派，也都對「聖本篤方案」（Benedict Option）很有興趣，保守派評論家羅得・德雷爾（Rod Dreher）更是專門出了一本書來討論這種選項。[5]還有一些沒那麼虔誠的人，或是醉心純樸在地生活的「基進主婦」（radical homemaker）與躬耕自足的農人也在設法建立充滿關懷、耐心、恭謙、守禮、彼此尊重和恪守中道的生活方式，他們和其他信仰虔誠的弟兄姐妹一樣，在家庭、社區和市集裡探索如何恢復古老的習俗並創造新的生活方式，以培育出新的文化，以免自由主義繼續殲滅這些文化。[6]

常有人說這些努力是在反抗主流文化（counterculture），但正確來說，他們反抗的是自由主義下的反文化（counter-anticulture）。想在當今的反文化中建立一種新文化是項艱深的挑戰，因為現代自由主義把文化變成了一片扁平的荒原，並仇視著所有競爭對手。文化是由基礎慢慢往上建立的，而且就像生命體一樣，它會把自己留給後代，維持自己的DNA。而刻意建造新的文化和習俗，就跟這點有根本性的衝突了。只不過，我們的文化景觀已經被自由主義弄得破敗不堪，必須要有新的東西才能改變。諷刺的是，雖然我們從自由主義學會了一套以選擇為基礎的哲學，但要在有朝一日擺脫這套意志至上的哲學，還是必須先從這套唯意志論的意圖、理想和行動出發才行。

這些嘗試應該專心維持社區內的文化，建立以家庭為中心的經濟型態，並藉由眾

5 Rod Dreher, *The Benedict Option: A Strategy for Christians in a Post- Christian Nation* (New York: Sentinel, 2017).

6 Shannon Hayes, *Radical Homemakers: Reclaiming Domesticity from a Consumer Culture* (Left to Right, 2010).

人共同的公民參與，創造一種「城邦生活」或是自治模式。上述的實踐方式都需要配合在地環境，才能抵擋住自由主義的抽象化和去個性化，養成重視歷史、經驗與記憶的習慣，並意識到人與人之間的義務。雖然文化最直接的養成和傳承發生在家庭裡，但它必須圍繞著許多由家庭組成的社區才能發展，而其中最重要的就是出生、成年、結婚和死亡等儀式。文化往往會根據當地環境，從地理和歷史條件中汲取養分與靈感。它會藉著故事和歌謠讓記憶代代相傳，不是好萊塢或麥迪遜大道上那些經過商業包裝的東西，而是來自具體地方的聲音。最後，正如它的英文「culture」裡有個「cult」，文化最終幾乎都會連結到某種永恆、神聖、崇高的永恆。只有這些實踐才能帶來真正的多樣性，也就是多樣的文化；這些文化也許各自不同，卻都扎根於跨文化的人性真理，因此能受到許多人群的推崇。

要對抗自由主義的反文化，還需要發展以「家戶經濟」為核心的經濟型態，也就是說每一種經濟活動都是為了讓家庭興旺，但又要將家戶經濟轉化成小規模的群體經濟。為此，我們必須拒絕實用和輕鬆，優先考慮如何實踐在地的知識和技藝。我們應該重視自己做事和製造東西的能力，用自己和孩子的雙手養活整個家庭，而非把心思放在消費與浪費上。製作、修理、烹飪、種植、保存和堆肥等等技藝不但能維持家庭的獨立和完整，也是文化和共同公民生活的基礎。每一代的人都會從中感悟到自然的需求、賦禮與限制；人類會參與並慶賀自然的節奏和韻律，並擺脫現代市場假造的自由，以及破壞文化的無知和怠惰。

要實踐這些家戶經濟的技藝，還得面對一個更大的挑戰，那就是要盡可能驅除現代經濟那種抽象化和去個性化的性質。人們在家庭裡養成的技能和性格，應該延伸到家戶經濟中，而這種經濟會在交易時把友誼、土地和歷史都納入考量。現代經濟忽略了人的面容，培養出的公民自然看不見、聽不見，也無法正確討論彼此之間的關鍵聯繫，以及自己與世界之間的重要連結。我們的經濟希望人們對自己購買、使用的商品來源和去向一無所知，而這種無知反過來又讓人們在消費的狂歡中更加冷漠。和自由主義政治一樣，這種經濟縮短了我們眼中的時間，也縮限了我們的視野，於是我們不再了解過去，也不再關心未來。這種經濟創造了只為當下而活的債務人，這些人相信未來會自己好起來，同時卻大量消費著地球上的一切，也永遠消費掉了未來。相較之下，在地市場卻能幫助人和土地建立關係，這種關係會隨著時間漸漸深化，而且最後必定會讓我們超越一己之私。買家和賣家交流時，都會意識到他們的關係能讓整個社區變得更好，也會知道有一些利潤會被拿來投資這片土地，造福他們的友朋、鄰人和尚未出生的世代。

如果要以家戶經濟和在地交易為重，政治上的自治也必須更加完善。如今我們衡量政治健康的指標，是所有投票人裡有百分之幾會真的去投票；雖然在這幾次選舉中，美國的投票率都有所成長，但還是徘徊於百分之五十到六十之間，稱不上有多健康。而且，儘管全美國都為總統大選瘋狂，卻愈來愈少人探討和辯論聯邦政府的各種問題，這其實都意味著美國的公民社會的健康沒有改善，反而是病得愈來愈重。如今的政治幾乎被簡化成一場運動競技，被動消極的人民在種種行銷和包裝的轟炸下，注意力也更為渙散。這些選舉只是一種表面的自治，其真正的功能是滿足我們殘存的公民衝動，打發我們回去乖乖當個員工和消費者。

托克維爾在一八二〇年代末期遊歷美國時，曾經對美國人在政治上自食其力的精神大感驚嘆。相較於他那些默許中央集權貴族秩序的法國同胞，美國人非常樂於集思廣益，共同解決在地的問題。藉由這個過程，美國人學會了「協作的藝術」。當時的人對遙遠的中央政府毫不關心，而且那時候的聯邦權力也比現在小很多。托克維爾在書中表示，各鄉鎮的地方政府是「民主的校舍」；他如此盛讚美國人為了維繫美好共同生活所投入的心力，不只是因為他看到了美國人所實現的成果，也是因為他理解這些努力會養成哪些行為習慣，又會對公民帶來哪些正面的影響。托克維爾認為，公民參與最大的好處，並不在於它能對外在世界造成哪些影響，而是在於它如何影響參與者之間的關係：「有了參與公共事務的義務，公民就必須放下部分私人利益，偶爾考慮自己以外的事務。一旦人們一起處理公共事務，每個人都會注意到，自己並不如想像中那麼獨立於其他同胞；想要獲得別人的幫助，就必須經常向他們伸出援手。」[7]

在未來，有意識的社區會慢慢發展出這種政治實踐，並且受益於這種自由社會的開放性。這些做法也會被當成自由主義架構內的某種「選擇」；雖然還是會受到整體文化的懷疑，但只要不會威脅自由主義秩序的大方向，基本上就能安然存在。然而，這些社區的經驗卻會慢慢形成示範，衍生出一種可行的新政治理論，接替衰落的自由

7 Tocqueville, *Democracy in America*, 510.

主義；新的理論會有全新的人類學基礎，不是基於假想的自然狀態，也不會追求全球化政府和市場，而是以人類需要彼此連結、交流、學習的天性為本，放下狹隘的利益，不再仰望抽象的「全人類」，而是著眼身邊「真正的人」。隨著自由主義秩序消亡，這種反主流文化就不會被視為一種「替代選項」，而是必需品。

不過在見證自由主義的勝利和滅亡之後，我們必須忍住衝動，不要急於設計一種新的、更好的政治理論。自由主義和各種後繼的意識形態，正是因為人們想找出萬全的理論才會崛起。呼籲恢復文化和全人教育、壓抑個人主義和國家主義、限制自由主義帶來的科技發展，一定會引來許多質疑。質疑者會要求新理論百分之百保證能預防各種因種族、性別和族裔偏見而導致的不公不義，並以法律防止地方性的獨裁或神權統治。但這些要求只會助長自由主義霸權的擴張，讓我們更無力抵抗國家和市場的擴張，也更無法掌控自己的命運，卻同時讓我們沾沾自喜地以為我們比過往任何時代都還要更自由、更平等。

如今的我們應該深思，自由主義是否正在加深不平等，又同時以保障自由的名義限制自由，繼續擴張它的全球霸權。但我們或許還有另外一條路能走，就是讓有心的人可以遠離自由主義最稱許那種屏絕傳統、消滅差異的生活方式，建立新的反主流文化社群。自由主義的清算之日正逐漸逼近，它的失敗也愈發橫行，讓更多人身陷經濟、家庭與社會的動盪與無常；公民社會中的機構和組織就如托克維爾所預言的一樣，逐漸被個人解放的名義掏空；我們也見識到，前所未有的自由狀態只讓我們變得「獨立卻軟弱」；此時，那些我們曾覺得乖僻可議的社群與生活方式，或許將會漸漸成為我們的燈塔和戰地醫院。根據這些另類社區的成果和示範，我們最終也許能以實際動手、彼此教育的協作自治為基礎，找出一種截然不同的政治生活經驗。

此刻，我們需要的是從在地環境長出來的實踐方式，專心打造有活力、可維繫的新文化，以家庭生活中各種技藝為基礎的經濟體系，以及城邦式的公民生活。我們需要的不是更好的理論，而是更好的實踐。從這些實踐中產生的新社會與新哲學，最後或許能配得上「自由」的名聲。經歷了五百年的哲學實驗之後，我們現在有了重建和改善它的機會。最能證明人類擁有自由的方式，就是以我們的能力去想像並建立起一個超越自由主義的自由社會。

誌謝

這本小書累積了幾十年來的反思，要感謝的人實在太多，其中許多感謝甚至已經來得太晚。

良師益友Wilson Carey McWilliams給予的幫助，我無以為報。如果可以，他的名字應該遍布本書的每一頁。如果他還活著，一定能寫出一本更好的書去討論自由主義陷入的困局，但如果要讓我選，我寧願和他再次對飲波本威士忌，笑著討論目前世界的局勢。

本書的最初構想是我在羅格斯大學和普林斯頓大學寫下的。感謝George Kateb、Robert P. George、已故的Paul Sigmund與我大方討論。感謝美國觀念與體制中心的麥迪遜計畫（James Madison Program in American Ideals and Institutions），以及該中心副主任Brad Wilson在二〇〇八至二〇〇九年的獎助，使規劃得以完成。

後來到了喬治城大學之後，又發展了書中的許多想法。在此感謝Joshua Mitchell、James V. Schall神父、Stephen Fields神父，已故的Jean Bethke Elshtain、已故的George Carey。Bill Mumma的友誼與支持給我很大幫助。此外，極為優秀的學生讓我們的托克維爾論壇（Tocqueville Forum）發光發熱。

我在聖母大學交到很多朋友。感謝Phillip Muñoz、Susan Collins、John O'Callaghan, Sean and Christel Kelsey、Dave O'Connor、Philip Bess、John and Alicia Nagy、Francesca Murphy、John Betz、John Cavadini、Gerard Bradley、Rick and Nicole Garnett、Jeff Pojanowski、Martijn Cremers、Father Bill Miscamble、David Solomon、Carter Snead、Gladden Pappin、Dan Philpott、Mike Griffin、Anna and Michael Moreland和Brad Gregory。另外衷心感謝聖母大學的倫理與文化中心（Center for Ethics and Culture）、托克維爾宗教與公共生活研究計畫（Tocqueville Program for Inquiry into Religion and Public Life），這兩個慷慨的計畫使本書得以完成。更要感謝

Mimi Teixeira的協助，讓書稿順利完整。

多年以來我總是受到諸多朋友的支持，人數多到我無法盡數。希望你們能在書中看到當初談話的成果，以及我最深切的謝意。感謝Chad Pecknold、Francis X. Maier、Rod Dreher、Bill McClay、Jeremy Beer（本書的候選書名就是他給的）、Mark Henrie、Jason Peters、Jeff Polet、Mark Mitchell、Brad Birzer、Phillip Blond、Cindy Searcy、Dan Mahoney、John Seery、Susan McWilliams、Brad Klingele、Michael Hanby。另外感謝Rusty Reno、David Mills、Dan McCarthy、John Leo、Scott Stephens幫忙出版了本書初稿的其中幾章。更要感謝Steve Wrinn多年以來的明智建議與友誼。

感謝維吉尼亞大學文化高等研究院（Institute for the Advanced Studies on Culture at the University of Virginia），尤其是James Davison Hunter與John Owen IV，很早就開始對本書感到興趣。另外也要感謝耶魯大學出版社的Bill Frucht提醒我盡量寫得簡短，並出版了本書。

本書印行前不久，Benjamin Barber與Peter Lawler兩位好友接連去世。真希望他們兩人能看到，我們不斷辯論的成果已經化為實體付梓成書。他們的意見與觀點融入了本書的文字之中，也刻進了他們身邊親友的生命。而我仍然想念他們。

感謝我的妻子Inge、我們的孩子Francis、Adrian和Alexandra。這樣的情感無法用言語表達。

最後，這本書真的已經承載了太多歲月的歷程，我已經無法回憶起所有曾經讓這本書得以誕生的人。如果這本書讓你想起了我們之間的互動，請接受我最深刻的感謝。

Snow, C. P. *The Two Cultures.* Cambridge: Cambridge University Press, 1965.

Solzhenitsyn, Aleksandr. "The World Split Apart." In *Solzhenitsyn at Harvard,* ed. Ronald Berman. Washington, DC: Ethics and Public Policy Center, 1980.

Thomas, Richard H. "From Porch to Patio." *Palimpsest,* August 1975.

Tierney, Brian. *The Idea of Natural Rights: Studies on Natural Rights, Natural Law, and Church Law, 1150–1625.* Grand Rapids, MI: Eerdmans, 1997.

Tocqueville, Alexis de. *Democracy in America,* trans. George Lawrence. New York: Harper and Row, 1969.

Tuck, Richard. *Natural Rights Theories: Their Origins and Development.* Cambridge: Cambridge University Press, 1982.

Turkle, Sherry. *Alone Together: Why We Expect More from Technology and Less from Each Other.* New York: Basic, 2011.

Twelve Southerners. *I'll Take My Stand: The South and the Agrarian Tradition.* New York: Harper, 1930.

Vargas Llosa, Mario. *Notes on the Death of Culture: Essays on Spectacle and Society.* New York: Farrar, Straus and Giroux, 2015.

Vermuele, Adrian. *Law's Abnegation: From Law's Empire to the Administrative State.* Cambridge: Harvard University Press, 2016.

Winthrop, John. "A Model of Christian Charity." In *The American Puritans: Their Prose and Poetry,* ed. Perry Miller. New York: Columbia University Press, 1982.

Zakaria, Fareed. *The Future of Freedom: Illiberal Democracy at Home and Abroad.* New York: Norton, 2007.

——. "The Rise of Illiberal Democracy." *Foreign Affairs,* November–December, 1997.

Putnam, Robert D. *Our Kids: The American Dream in Crisis*. New York: Simon and Schuster, 2015.

Putnam, Robert D., and David E. Campbell. *American Grace: How Religion Divides and Unites Us*. New York: Simon and Schuster, 2010.

Rauschenbusch, Walter. *Theology for the Social Gospel*. 1917; Louisville, KY: Westminster John Knox Press, 1997.

Reed, Matt. "Remember the Canon Wars?" Inside Higher Ed, April 11, 2013.

Reich, Robert B. "Secession of the Successful." *New York Times,* January 20, 1991.

Robinson, Brett T. *Appletopia: Media Technology and the Religious Imagination of Steve Jobs*. Waco, TX: Baylor University Press, 2013.

Root, Damon. *Overruled: The Long War for Control of the U.S. Supreme Court*. New York: St. Martin's, 2014.

Schumacher, E. F. *Small Is Beautiful: Economics as if People Mattered*. New York: Harper and Row, 1975.

Shachtman, Tom. *Rumspringa: To Be or Not to Be Amish*. New York: North Point, 2007.

Shepard, Walter J. "Democracy in Transition." *American Political Science Review* 29 (1935).

Shiffman, Mark. "Humanity 4.5," *First Things,* November, 2015.

Siedentop, Larry. *Inventing the Individual: The Origins of Western Liberalism*. Cambridge: Harvard University Press, 2014.

Sigmund, Paul E. *Natural Law in Political Thought*. Lanham, MD: University Press of America, 1981.

Silver, Lee M. *Remaking Eden: Cloning and beyond in a Brave New World*. New York: Avon, 1997.

McWilliams. Lawrence: University Press of Kansas, 2011.

——. "Politics." *American Quarterly* 35, nos. 1–2 (1983): 19–38.

Mendelson, Nina. "Bullies along the Potomac." *New York Times,* July 5, 2006.

Mill, John Stuart. "Considerations on Representative Government." In *On Liberty and Other Essays,* ed. John Gray. Oxford: Oxford University Press, 2008.

Murray, Charles A. *Coming Apart: The State of White America, 1960– 2010.* New York: Crown Forum, 2012.

Nieli, Russell K. "How Diversity Punishes Asians, Poor Whites, and Lots of Others." Minding the Campus, July 12, 2010.

Nisbet, Robert A. *The Quest for Community: A Study in the Ethics of Order and Freedom.* Wilmington, DE: ISI, 2010.

"No Longer the Heart of the Home, the Piano Industry Quietly Declines." *New York Public Radio,* January 6, 2015.

Oakeshott, Michael. *The Politics of Faith and the Politics of Scepticism.* New Haven: Yale University Press, 1996.

——. *Rationalism in Politics and Other Essays.* New York: Basic, 1962.

Polanyi, Karl. *The Great Transformation: The Political Origins of Our Time.* 1944; Boston: Beacon, 2001.

Polillo, Simone. "Structuring Financial Elites: Conservative Banking and the Local Sources of Reputation in Italy and the United States, 1850–1914." Ph.D. diss., University of Pennsylvania, 2008.

Postman, Neil. *Technopoly: The Surrender of Culture to Technology.* New York: Vintage, 1993.

Purcell, Edward A. *The Crisis of Democratic Theory: Scientifi c Naturalism and the Problem of Value.* Lexington: University Press of Kentucky, 1973.

Lepore, Jill. "Oh, Julia: From Birth to Death, Left and Right." *New Yorker,* May 7, 2012.

Levin, Yuval. *The Great Debate: Edmund Burke, Thomas Paine, and the Birth of Right and Left.* New York: Basic, 2014.

Levy, Stephen. "GU NAACP President Discusses Diversity Issues." *Hoya,* October 19, 2010.

Lipset, Seymour M. *Political Man: The Social Bases of Politics.* Garden City, NY: Doubleday, 1960.

Locke, John. *Second Treatise of Government,* ed. C. B. MacPherson. 1689; Indianapolis: Hackett, 1980.

Lukianoff, Greg, and Jonathan Haidt. "The Coddling of the American Mind." *Atlantic,* July 2015.

Machiavelli, Niccolò. *The Prince,* ed. and trans. David Wooton. Indianapolis: Hackett, 1995.

Marche, Stephen. "Is Facebook Making Us Lonely?" *Atlantic,* May 2012.

Marglin, Stephen. *The Dismal Science: How Thinking Like an Economist Undermines Community.* Cambridge: Harvard University Press, 2008.

Marks, Jonathan. "Conservatives and the Higher Ed 'Bubble.'" Inside Higher Ed, November 15, 2012.

McIlwain, Charles Howard. *Constitutionalism, Ancient and Modern.* Ithaca, NY: Cornell University Press, 1940.

——. *The Growth of Political Thought in the West: From the Greeks to the End of the Middle Ages.* New York: Macmillan, 1932.

McWilliams, Wilson Carey. "Democracy and the Citizen: Community, Dignity, and the Crisis of Contemporary Politics in America." In *Redeeming Democracy in America,* ed. Patrick J. Deneen and Susan J.

Hayes, Shannon. *Radical Homemakers: Reclaiming Domesticity from a Consumer Culture.* Left to Right, 2010.

Hobbes, Thomas. *Leviathan*, ed. Edwin Curley. 1651; Indianapolis: Hackett, 1994.

——. *On the Citizen,* ed. and trans. Richard Tuck and Michael Silverthorne. 1642 Cambridge: Cambridge University Press, 1998.

Jefferson, Thomas. *A Summary View of the Rights of British America. Set Forth in Some Resolutions Intended for the Inspection of the Present Delegates of the People of Virginia. Now in Convention. By a Native, and Member of the House of Burgesses.* Williamsburg: Clementina Rind, 1774.

Josselson, Ruthellen. "The Hermeneutics of Faith and the Hermeneutics of Suspicion." *Narrative Inquiry* 14, no. 1 (2004): 1–28.

Jouvenel, Bertrand de. *The Pure Theory of Politics.* Indianapolis: Liberty Fund, 2000.

Kerr, Clark. *The Uses of the University,* 5th ed. Cambridge: Harvard University Press, 2001.

Korn, Sandra Y. L. "The Doctrine of Academic Freedom." *Harvard Crimson,* February 18, 2014.

Kronman, Anthony. *Education's End: Why Our Colleges and Universities Have Given Up on the Meaning of Life.* New Haven: Yale University Press, 2006.

Lasch, Christopher. *The Revolt of the Elites and the Betrayal of Democracy.* New York: Norton, 1994.

——. *The True and Only Heaven: Progress and Its Critics.* New York: Norton, 1991.

Friedman, Thomas L. *The Lexus and the Olive Tree.* New York: Farrar, Straus and Giroux, 1999.

Fromm, Erich. *Escape from Freedom.* New York: Farrar and Rinehart, 1941.

Fukuyama, Francis. "The End of History?" *National Interest,* Summer 1989.

——. *The End of History and the Last Man.* New York: Free Press, 1992.

——. *Our Posthuman Future: Consequences of the Biotechnology Revolution.* New York: Farrar, Straus and Giroux, 2002.

Galston, William. "The Growing Threat of Illiberal Democracy." *Wall Street Journal,* January 3, 2017.

Gardner, Stephen. "The Eros and Ambitions of Psychological Man." In Philip Rieff, *The Triumph of the Therapeutic: Uses of Faith after Freud,* 40th anniversary ed. Wilmington, DE: ISI, 2006.

Goldwin, Samantha. "Against Parental Rights." *Columbia Law Review* 47, no. 1 (2015).

Gregory, Brad S. *The Unintended Reformation: How a Religious Revolution Secularized Society.* Cambridge: Belknap Press of Harvard University Press, 2012.

Habermas, Jürgen. *Legitimation Crisis,* trans. Thomas McCarthy. Boston: Beacon, 1975.

Hanson, Victor Davis, and John Heath. *Who Killed Homer: The Demise of Classical Education and the Recovery of Greek Wisdom.* New York: Free Press, 1998.

Havel, Vaclav. "The Power of the Powerless." In *Open Letters: Selected Writings, 1965–1990.* New York: Vintage, 1992.

Hayek, F. A. *The Constitution of Liberty,* ed. Ronald Hamowy. Chicago: University of Chicago Press, 2011.

Western Canon." *First Things,* January 2013.

Dewey, John. *The Early Works of John Dewey, 1882–1898.* Vol. 5, ed. Jo Ann Boydston. Carbondale: Southern Illinois University Press, 1967–72.

——. *Individualism, Old and New.* 1930; Amherst, NY: Prometheus, 1999.

——. *The Public and Its Problems.* 1927; Athens, Ohio: Swallow, 1954.

——. *Reconstruction in Philosophy.* London: University of London Press, 1921.

Dionne, E. J., Jr. *Why Americans Hate Politics.* New York: Simon and Schuster, 1992.

Dreher, Rod. *The Benedict Option: A Strategy for Christians in a Post-Christian Nation.* New York: Sentinel, 2017.

Dunkelman, Marc J. *The Vanishing Neighbor: The Transformation of American Community.* New York: Norton, 2014.

Figgis, John Neville. *Studies of Political Thought: From Gerson to Grotius.*
Cambridge: Cambridge University Press, 1907.

Firestone, Shulamith. *The Dialectic of Sex: The Case for Feminist Revolution.* New York: Bantam, 1971.

Fish, Charles. *In Good Hands: The Keeping of a Family Farm.* New York: Farrar, Straus and Giroux, 1995.

Foucault, Michel. *The Order of Things: An Archaeology of the Human Sciences.* New York: Vintage, 1994.

Fraser, Nancy. *Fortunes of Feminism: From State- Managed Capitalism to Neo-L iberal Crisis.* New York: Verso, 2013.

Friedman, Jeffrey. "Democratic Incompetence in Normative and Positive Theory: Neglected Implications of 'The Nature of Belief Systems in Mass Publics.'" *Critical Review* 18, nos. 1–3 (2006): i–xliii.

Bloom, Allan. *The Closing of the American Mind: How Higher Education Has Failed Democracy and Impoverished the Souls of Today's Students.* New York: Simon and Schuster, 1987.

Boorstin, Daniel J. *The Republic of Technology: Refl ections on Our Future Community.* New York: Harper and Row, 1978.

Brennan, Jason. *Against Democracy.* Princeton: Princeton University Press, 2016.

——. "The Problem with Our Government Is Democracy." *Washington Post,* November 10, 2016.

Burke, Edmund. *Refl ections on the Revolution in France,* ed. J. G. A. Pocock. 1790; Indianapolis: Hackett, 1987.

Caplan, Bryan. *The Myth of the Rational Voter: Why Democracies Choose Bad Policies.* Princeton: Princeton University Press, 2007.

Carr, Nicholas G. *The Shallows: What the Internet Is Doing to our Brains.* New York: Norton, 2010.

Cavanaugh, William T. "'Killing for the Telephone Company': Why the Nation-S tate Is Not the Keeper of the Common Good." In *Migrations of the Holy: God, State, and the Political Meaning of the Church.* Grand Rapids, MI: Eerdmans, 2011.

Cowen, Tyler. *Average Is Over: Powering America Past the Age of the Great Stagnation.* New York: Dutton, 2013.

Crawford, Matthew. *Shop Class as Soul Craft: An Inquiry into the Value of Work.* New York: Penguin, 2010.

Croly, Herbert. *The Promise of American Life.* 1909; Cambridge: Harvard University Press, 1965.

Deneen, Patrick. "Against Great Books: Questioning our Approach to the

參考書目

Arendt, Hannah. The Origins of Totalitarianism. New York: Harcourt, Brace, 1951.

Bacon, Francis. *Of the Advancement of Learning.* In *The Works of Francis Bacon,* 14 vol, ed. James Spedding, Robert Leslie Ellis and Douglas Denon Heath. London: Longmans, 1879.

——. *Valerius Terminus, "Of the Interpretation of Nature."* In Spedding, Ellis and Heath, *The Works of Francis Bacon.*

Barringer, Felicity, and John M. Broder. "E.P.A. Says 17 States Can't Set Emission Rules." *New York Times,* December 20, 2007.

Berry, Wendell. "Agriculture from the Roots Up." In *The Way of Ignorance: And Other Essays.* Emeryville, CA: Shoemaker and Hoard, 2005.

——. "Faustian Economics: Hell Hath No Limits." *Harper's,* May 2008, 37–38.

——. "Feminism, the Body and the Machine." In *What Are People For?*

Berkeley, CA: Counterpoint, 1990.

——. *The Hidden Wound.* Boston: Houghton Miffl in, 1970.

——. *Sex, Economy, Freedom, and Community: Eight Essays.* New York: Pantheon, 1994.

Bishop, Bill. *The Big Sort: Why the Clustering of Like- Minded America Is Tearing Us Apart.* New York: Houghton Miffl in Harcourt, 2008.

FOCUS 01

自由主義為什麼會失敗？

當代自由社會的陷阱、弊病與終結

Why Liberalism Failed

作　　者　派翠克・迪寧（Patrick J. Deneen）
譯　　者　劉維人、盧靜
編　　輯　邱建智
校　　對　魏秋綢
排　　版　張彩梅

行銷總監　蔡慧華
出　　版　八旗文化／遠足文化事業股份有限公司
發　　行　遠足文化事業股份有限公司（讀書共和國出版集團）
地　　址　新北市新店區民權路108-2號9樓
電　　話　02-22181417
傳　　真　02-22188057
客服專線　0800-221029
信　　箱　gusa0601@gmail.com
Facebook　facebook.com/gusapublishing
Blog　gusapublishing.blogspot.com
法律顧問　華洋法律事務所／蘇文生律師

封面設計　許晉維
印　　刷　前進彩藝有限公司
定　　價　450元
初版一刷　2024年3月
ISBN　978-626-7234-84-6（紙本）、978-626-7234-83-9（PDF）、978-626-7234-82-2（EPUB）

國家圖書館出版品預行編目（CIP）資料

自由主義為什麼會失敗？：當代自由社會的陷阱、弊病與終結／派翠克・迪寧（Patrick J. Deneen）著；劉維人，盧靜譯. -- 初版. -- 新北市：八旗文化，遠足文化事業股份有限公司，2024.03
　面；　公分. --（Focus；1）
譯自：Why liberalism failed.
ISBN 978-626-7234-84-6（平裝）

1. CST：自由主義

570.112　　113000546